GRöLS Verlage

„Bücher sind wie Fallschirme. Sie nützen uns nichts, wenn wir sie nicht öffnen."

Gröls Verlag

Redaktionelle Hinweise und Impressum

Das vorliegende Werk wurde zugunsten der Authentizität sehr zurückhaltend bearbeitet. So wurden etwa ursprüngliche Rechtschreibfehler regelmäßig *nicht* behoben, denn kleine Unvollkommenheiten machen das Buch – wie im Übrigen den Menschen – erst authentisch. Mitunter wurden jedoch zum Beispiel Absätze behutsam neu getrennt, um den Lesefluss zu erleichtern.

Um die Texte zu rekonstruieren, werden antiquarische Bücher von Lesegeräten gescannt und dann durch eine Software lesbar gemacht. Der so entstandene Text wird von Menschen gegengelesen und korrigiert – hierbei treten auch Fehler auf. Wenn Sie ebenfalls antiquarische Texte einreichen möchten, finden Sie weitere Informationen auf www.groels.de

Viel Freude bei der Lektüre wünscht Ihnen das Team des Gröls-Verlags.

Adressen

Verleger: Hermann-Josef Gröls,

Im Borngrund 26, 61440 Oberursel

Externer Dienstleister für Distribution & Herstellung:

BoD, In de Tarpen 42, 22848 Norderstedt

Unsere „Edition | Werke der Weltliteratur“ hat den Anspruch, eine der größten und vollständigsten Sammlungen klassischer Literatur in deutscher Sprache zu werden. Nach und nach versammeln wir hier nicht nur die „üblichen Verdächtigen“ von Goethe bis Schiller, sondern auch Kleinode der vergangenen Jahrhunderte, die – zu Unrecht – drohen, in Vergessenheit zu geraten. Wir kultivieren und kuratieren damit einen der wertvollsten Bereiche der abendländischen Kultur. Kleine Auswahl:

Francis Bacon • Neues Organon • **Balzac** • Glanz und Elend der Kurtisanen • **Joachim H. Campe** • Robinson der Jüngere • **Dante Alighieri** • Die Göttliche Komödie • **Daniel Defoe** • Robinson Crusoe • **Charles Dickens** • Oliver Twist • **Denis Diderot** • Jacques der Fatalist • **Fjodor Dostojewski** • Schuld und Sühne • **Arthur Conan Doyle** • Der Hund von Baskerville • **Marie von Ebner-Eschenbach** • Das Gemeindekind • **Elisabeth von Österreich** • Das Poetische Tagebuch • **Friedrich Engels** • Die Lage der arbeitenden Klasse • **Ludwig Feuerbach** • Das Wesen des Christentums • **Johann G. Fichte** • Reden an die deutsche Nation • **Fitzgerald** • Zärtlich ist die Nacht • **Flaubert** • Madame Bovary • **Gorch Fock** • Seefahrt ist not! • **Theodor Fontane** • Effi Briest • **Robert Musil** • Über die Dummheit • **Edgar Wallace** • Der Frosch mit der Maske • **Jakob Wassermann** • Der Fall Maurizius • **Oscar Wilde** • Das Bildnis des Dorian Grey • **Émile Zola** • Germinal • **Stefan Zweig** • Schachnovelle • **Hugo von Hofmannsthal** • Der Tor und der Tod • **Anton Tschechow** • Ein Heiratsantrag • **Arthur Schnitzler** • Reigen • **Friedrich Schiller** • Kabale und Liebe • **Nicolo Machiavelli** • Der Fürst • **Gotthold E. Lessing** • Nathan der Weise • **Augustinus** • Die Bekenntnisse des heiligen Augustinus • **Marcus Aurelius** • Selbstbetrachtungen • **Charles Baudelaire** • Die Blumen des Bösen • **Harriett Stowe** • Onkel Toms Hütte • **Walter Benjamin** • Deutsche Menschen • **Hugo Bettauer** • Die Stadt ohne Juden • **Lewis Caroll** • *und viele mehr….*

Elisabeth von England

Das Werden einer Königin

Gertrude Aretz

Inhalt

Elisabeth von England als Königin: Stich nach dem Gemälde eines unbekannten Meisters

Prolog

Im November 1558 läuteten die Glocken von St. James eine blutige Zeit zu Ende. Maria Tudor, die Katholische, hatte ihre fünfjährige grausame Regierung beendet. Es war ein harter Kampf zwischen Katholiken und Protestanten gewesen. Dreihundert Protestanten ließen, während Maria auf dem englischen Throne saß, ihr Leben auf den Scheiterhaufen von Smithfield. Sie starben für ihren neuen Glauben. Viele andere traf das Beil des Henkers, der Marterpfahl oder die Kerker des Tower. Der Tochter Heinrichs VIII., aus seiner Ehe mit Katharina von Aragon, war es gelungen, das Staatsruder in die seit zwanzig Jahren verlassenen Bahnen der katholischen Herrschaft zurückzulenken. Mit schroffer Hand, allen Gegnerschaften zum Trotz, hatte sie es verstanden, sich zu behaupten. Jetzt aber, am Tage ihres Todes, vergaßen Katholiken und Protestanten, daß sie Feinde waren. Alle atmeten auf in dem einen Gedanken: Königin Mary ist tot! Ein langer, furchtbarer Traum war zu Ende! Und auf das Sterbegeläut folgten die jubelnden Glocken, die das stark protestantisch empfindende englische Volk aufforderten, vor einer neuen, jungen Königin das Knie zu beugen und ihr zu huldigen.

Die junge Herrscherin war Elisabeth, die Stiefschwester der Verstorbenen – und ihre Gegnerin. Zu dieser Gegnerschaft wurde der Keim bereits in der Kindheit in Elisabeths Herz gelegt, teils durch die vielgefährdete und beispiellos schwierige Lage, in der sie sich der eifer- und rachsüchtigen Schwester gegenüber befand, teils durch die kirchlichreligiösen Spannungen Englands überhaupt.

Sowohl Maria als auch Elisabeth durchliefen eine harte Schule des Lebens. Ihre Kindheit und Jugend im Hause des gemeinsamen Vaters war reich an grausigen Geschehnissen. Maria Tudors Stolz wurde viele Jahre auf eine harte Probe gestellt. Heinrich VIII. ließ seine Frauen, wenn sie ihm unbequem wurden, entweder hinrichten oder er verstieß sie. Marias spanische Mutter erlitt das immerhin weniger grausame Schicksal. Sie wurde verstoßen. An ihrer Stelle erkor Heinrich eine junge, reizende Engländerin, die spätere Mutter seiner Tochter Elisabeth, Anna Boleyn. Sie endete auf dem Schafott.

Das Kind, dem Anna das Leben gab, war bestimmt, England einst zu Größe und Selbständigkeit zu führen. Aber der Weg bis zu dieser Höhe erwies sich für Elisabeth als gefahrvoll und schlüpfrig. In ihrem jungen Leben waren Hinrichtungen und Folterungen an der Tagesordnung. Lieblosigkeit, Verstellung, Intrigen, Lüge, Verrat, die stetige Angst vor einem grausamen Tode formten frühzeitig ihren Charakter zu jener diplomatischen, ausweichenden, abwartenden, ungemein überlegenen Kunst des Handelns und Wirkens als echtes Kind ihrer Zeit. Kaum dreijährig, sieht Elisabeth sich der Mutter beraubt. Man gibt sich keine Mühe, vor ihr zu verbergen, welche Todesart Anna Boleyn erlitten hat. Durch Feuer und Eisen muß Elisabeth gehen. Ein Schauder erfaßt einen, wenn man an ihre gefahrvolle Jugend denkt, und bewundernd sieht man, wie sie immer wieder die Oberhand behält. Wie sie ihr wildes Tudortemperament bezwingt, ihren unbändigen Stolz und den aufbrausenden Geist niederdrückt – bis auch an sie die Reihe kommt, unumschränkt herrschen zu können. Wundervoll die Kühle ihres Denkens und Tuns in der größten Gefahr. Außergewöhnlich das starke Persönlichkeitsgefühl. Aber erschreckend die frühe Beherrschung und Verstellung ihres wahren Charakters, ihres glühenden Empfindens in Haß und Liebe, ihres ehrgeizigen Strebens nach Ruhm und Macht. Die jugendliche Elisabeth schreitet zielbewußt auf ihrem Weg, ohne sich den Anschein zu geben, etwas anderes zu wünschen, als was die göttliche Vorsehung ihr in den Schoß wirft. Sie hat sich so in der Gewalt, daß sie auch vor der drohenden Gefahr eines frühen gewaltsamen Todes ihre Kaltblütigkeit nicht verliert. Als sie, zwanzigjährig, auf Befehl ihrer Schwester in Wind und Regen im offenen Boot über die Themse in den Tower geschleppt wird und nahe daran ist, daß auch sie, gleich ihrer Mutter, das Schafott besteigen muß, da hat sie in äußerlich kühler Haltung nur den einen Wunsch: nicht auf englische Art, mit dem Beil, sondern, wie es in Frankreich Sitte sei, mit dem Schwert geköpft zu werden. Sie will auf ritterliche Weise sterben. Damals glaubt keiner in ihrer Umgebung, daß für sie noch einmal die Sonne scheinen werde. Aber ihre Klugheit und eine merkwürdige Macht, die sie oft über Menschen gewinnt, bei denen man eine Beeinflussung von ihrer Seite am wenigsten vermuten kann, retten sie. Als Elisabeth in ihrer herben Jugend vor den Staatsräten in Hampton Court steht, um gegen die Anklage der Beteiligung an Wyatts Verschwörung mit einer Klarheit des Verstandes und raffiniertester Berechnung zu protestieren, da erweicht sie nicht nur das harte Herz ihres strengsten Richters, des Königs Philipp, sondern sie erweckt in ihm auch als Frau Bewunderung. Von diesem Augenblick an steht Elisabeth in ihres Schwagers Gunst. Doch der Grimm der langsam hinsiechenden Königin Mary verstärkt sich, je sichtbarer alle Hoffnungen und Huldigungen sich Elisabeth zuwenden. Nichts indes verrät in der Haltung der jungen zukünftigen Königin von England den nahen Triumph. Sie läßt niemand in ihre Seele schauen. Nur einem einzigen wagt sie zu vertrauen. Schon steht der Freund an ihrer Seite: Sir William Cecil, der klügste der Staatsmänner des elisabethanischen Englands.

Als endlich Maria 1558 die Augen schließt, ist für Elisabeth alle Qual, alle Angst, aller Schrecken zu Ende. Sie ist frei! Die fünfundzwanzigjährige Elisabeth dankt bei ihrer Thronbesteigung nur Gott allein für die glückliche Befreiung aus dem „Netz der Spinne“.

Erstes Kapitel. Heinrich VIII. und Anna Boleyn

Vielleicht war Elisabeths Geburt bereits der Auftakt zu dem tragischen Ende ihrer Mutter. Heinrich VIII. hatte den Erben seines Thrones erwartet. Eine Tochter wurde ihm an seiner Statt am 7. September 1533 in Greenwich geboren. Trotz des maßlosen Jubels der Londoner Bevölkerung, trotz der pompösen Tauffeierlichkeiten, die monatelang darauf folgten, war die Geburt dieses Kindes eine gewisse Enttäuschung für Heinrich. Die schöne Anna Boleyn hatte seine Hoffnungen nicht erfüllt, wenn auch die Aussicht bestand, daß sie später ein zweites Kind, einen Sohn, zur Welt bringen könne. Er hätte aber gerade in dem ersten Kind der geliebten Frau gern den Träger seiner Dynastie gesehen.

2. Anna Boleyn, Mutter der Königin Elisabeth
Stich nach einem Gemälde von Holbein

Hatte er nicht hart genug darum gerungen? Um Anna auf den englischen Thron zu setzen, hatte es Heinrich auf den Bruch mit Rom ankommen lassen und seine zwanzigjährige Ehe mit Katharina von Aragon eigenmächtig geschieden. In Westminster ließ er die neue junge Königin krönen, was keiner Frau nach ihr wieder geschah. Annas bezaubernde Jugend, ihr heißes Temperament, ihre dunklen Augen, ihre unvergleichliche Schönheit berauschten Heinrich. Sechs Jahre kämpfte er um sie, ehe er sie zu sich erheben konnte. Und dann erlebte sie doch nur ein relativ kurzes Glück an seiner Seite. Ehe sie seinem Begehren nachgab, hatte er versichert, sie „aufrichtig zu lieben und zu ehren und ihr immerdar zu dienen“. Das schrieb er ihr. „Ich beschwöre Euch“, bat er flehentlich, „in diesem selben festen und beständigen Vorsatz zu beharren, und ich versichere Euch, daß ich meinerseits es Euch nicht nur geziemend vergelten, sondern Euch womöglich noch an Treue des Herzens übertreffen werde.“

Die junge Hofdame der Königin forderte eine hohe Gegenleistung. 1526 wurde Anna Boleyn Heinrichs Geliebte unter der Bedingung, daß er sich von Katharina scheiden lasse. Heinrich selbst wünschte es. Er brauchte einen Erben. Von der jungen schönen Anna, die er liebte, hoffte er ihn zu bekommen. Der Preis ihrer Gunst sollte die englische Krone sein. Zäh verfolgte Anna ihren Plan. Endlich, am 25. Januar 1533, erreichte sie ihr Ziel, nachdem Heinrich einen jahrelangen, hartnäckigen Kampf mit dem Papst geführt hatte. Die römische Kirche lehnte es ab, auf die unzulänglichen Gründe hin die Scheidung über seine erste Ehe auszusprechen. Er aber hielt fest an dem Versprechen, das er der Geliebten gegeben. Er schuf die englische Hochkirche! Der Bruch mit Rom war endgültig. Er brauchte bald weder Dispens noch Einwilligung des Papstes mehr, um seine neue Königin zum Throne zu führen.

Und doch war es noch zu früh, um alles öffentlich geschehen zu lassen. Ganz im Geheimen fand im Schloß York, dem heutigen Whitehall, die Trauung Heinrichs mit Anna Boleyn statt. Es war Eile geboten. Sie war guter Hoffnung. Sie trug das Kind unter dem Herzen, das einst bestimmt war, Englands größte Königin zu werden. Es waren nur drei Zeugen bei der Trauung anwesend. Rowland Lee, Bischof von Lichfield, traute das Paar im guten Glauben, denn der König hatte ihm die Versicherung gegeben, er habe endlich vom Papst Dispens und die Auflösung seiner ersten Ehe erlangt. Nur wolle er vorläufig alles Aufsehen um dieses Ereignis vermeiden. Deshalb müsse die Trauung in aller Stille vollzogen werden. Und so geschah es. Erst vier Monate später, im Mai desselben Jahres, wurde Heinrichs Ehe mit Katharina von Aragon für nichtig erklärt, aber nicht durch den Papst, sondern durch Heinrichs Willkür, als Oberhaupt der neuen Hochkirche, zu dem er sich aber offiziell erst im Jahre 1534 erklärt. Der kürzlich vom Papst zum Erzbischof von Canterbury erhobene Thomas Cranmer ist die Haupttriebfeder der ganzen Intrige und sein Stellvertreter.

Im Juni darauf wird Anna Boleyn gekrönt mit allem Pomp, der in England bei derartigen Ereignissen, an denen das ganze Volk teilnimmt, üblich ist. Nun ist sie anerkannte Königin. Bald steht das Ereignis bevor, das Heinrichs sehnlichsten Wunsch erfüllen soll. Es ist eine Tochter, kein Sohn! Heinrichs Leidenschaft für Anna scheint von diesem Augenblick an im Verblassen. Neue Liebesabenteuer des Königs rufen heftige Auseinandersetzungen zwischen ihm und ihr hervor. Sie liebt ihn. Sie will sich ihn nicht entreißen lassen. Ihr beleidigter Stolz, ihr heißes Temperament reißen sie zu Szenen hin. Er bedeutet ihr brutal, sie solle sich nicht in seine Privatangelegenheiten mischen. Sie solle bedenken, was sie gewesen sei. Trotzdem sie jetzt Königin sei, könne er sie wieder in die Tiefe, in das Nichts stürzen. Anna schäumt. Eine ihrer jungen Hofdamen erregt besonders ihre Eifersucht. Sie weiß, was ihr bevorsteht. Wie ihre eigene Jugend über die ältliche Katharina von Aragon einst triumphierte, so wird jetzt Jane Seymours Schönheit die noch junge Anna von des Königs Seite verdrängen und sich den Platz an der Sonne sichern. Heinrich wirft die Frauen weg, wenn er sie satt hat, wenn ein neues Abenteuer, neue Liebesleidenschaft lockt. Ihm wird es auch diesmal nicht schwer werden, einen Grund zu finden, um Anna Boleyn, seine Königin, loszuwerden. Es sind gewisse Leute um ihn, die längst Anna ihr Glück neiden. Verrat und Mißgunst erfassen den günstigen Augenblick und kommen dem König in seinen Absichten entgegen. Nichts wird leichter und schneller wahrgenommen als das vergehende Interesse eines Mannes für eine Frau. Haß, Neid, Ehrgeiz bemächtigen sich des nur noch an einem Faden hängenden Glücks. Es ist jetzt nicht mehr schwer, es ganz zu zerstören.

So skrupellos Heinrich selbst in Liebesangelegenheiten ist, er duldet nicht, daß die Frauen ihn betrügen. Der leiseste Verdacht kann ihm genügen oder zum Vorwand dienen, ein junges Leben zu verderben, das ihm im Wege steht. Frivolität und Ungebundenheit bei Frauen liebt er nur, so lange sie seinem persönlichen Vergnügen dienen, ihn ergötzen. Erfahrung und seine eigenen Gelüste machen ihn mißtrauisch und ungläubig. Es bedarf keiner großen Beweise, Heinrich von der Untreue und den Ausschweifungen einer Frau zu überzeugen. Sein Hof ist nicht dazu angetan, aus den Frauen, die in seiner Sphäre leben, unantastbare Wesen zu machen. Liebesverhältnisse verheirateter Frauen sind keine Ausnahme. Die Männer sind hemmungslos im Lebensgenuß, auch eine Königin ist für sie nicht unerreichbar. Intrige und Böswilligkeit sind Heinrich bereitwillige Helfer, das Glück der jungen Königin an seiner Seite zu untergraben. Er schenkt den Einflüsterungen nur zu gern Gehör, denn schon ist Anna ihm für seine Liebe zu Jane Seymour unbequem. Was ihm einst an Anna gefiel: ihre Koketterie, ihr leichtes, fast französisches Temperament, ihre fröhliche Ausgelassenheit, stößt ihn plötzlich ab. Er findet sie oberflächlich, keck. Er findet die Ansicht der Feinde Annas bestätigt, daß die Königin sich ihrer Würde nicht bewußt sei und allzu viel Frivolität an den Tag lege. Er sieht ihre entzückende Schönheit nicht mehr, ihre Jugend gilt ihm nichts mehr – sie ist jetzt 28 Jahre alt! Sein Interesse für Anna ist erloschen. Bald legen sich die Höflinge, als sie merken, daß der Einfluß der Königin auf ihren Gemahl von Tag zu Tag geringer wird, keinen Zwang mehr auf. Unumwunden sprechen sie zu Heinrich von dem zügellosen Leben, das Anna vor und während ihrer Ehe mit ihm geführt hat. Der intrigante Thomas Cromwell, des Königs Geheimsiegelbewahrer, besonders tut alles, um Anna zu vernichten. Die so schnell zu Ruhm und Glanz Gelangte hat böse Feinde. Manchem am

Hofe hat sie den Einfluß auf den König geschmälert, manchem hat sie die Staatskarriere verdorben. Die Katholischfühlenden hat sie mit Arroganz und Hochmut behandelt. Jetzt rächen sich besonders die, die sich durch den Protestantismus der Königin beleidigt sehen und ihre Übermacht fürchten. Kein Mittel ist Annas Feinden zu schlecht, um ihr Heinrichs völlige Ungnade zu verschaffen. Man geht so weit, sie der Blutschande mit ihrem Bruder, Lord Rochfort zu beschuldigen. Heinrich glaubt es, ohne Beweise dafür zu haben. Fünf andere Männer werden genannt, denen die Königin ihre Gunst schenkte. Bei zweien scheint der Beweis augenscheinlich. Der Sänger und Tänzer Mac Smeaton und Lord Norris. Beide kommen in den Tower. Alle erwartet das Schafott. Bis zum Tode leugnet Lord Norris als echter Ritter jede Schuld Annas. Der Tänzer allein gesteht einiges, um der qualvollen Folter zu entgehen. Man weiß nicht, ob er in seiner Todesangst die Wahrheit spricht. Aber auch ihm nützt das Geständnis nichts. Auch ihn trifft des Henkers Beil.

Die Renaissancemenschen setzen ihren Leidenschaften selten Schranken. Heinrich genügen diese Sühneopfer zweier Menschenleben nicht. Sein Herz sinnt auf noch mehr Rache. Anna Boleyn, die er zur Königin hat krönen lassen, hat ihm in den Augen der Welt die Schande des Ehebruchs angetan. Sie hat sich in seinen Augen als Dirne benommen. Dafür muß sie büßen. Seine erste Frau hat er verstoßen, weil er einen Sohn wünschte, sie ihm aber ein Mädchen gebar. Er hat sie verstoßen, weil sie ihm nicht mehr gefiel, weil sie alt wurde. Die zweite, kokett, genußsüchtig, schön und jung, gefällt ihm vielleicht in seinem Innern noch, aber auch sie hat ihm nicht den von Wahrsagern prophezeiten Thronerben geschenkt. Es muß eine andere sein, die das Orakel erfüllt. Er will und kann aber Anna nicht ihrem Leben der Freude und des Genusses überlassen. Wohl hat er ihre Liebhaber beseitigt; sie wird sich andere nehmen, wenn Heinrich sich von ihr scheiden ließe. Daher muß Anna sterben. Anfangs zwar gibt es zwischen den furchtbaren Szenen des Königs und der Königin immer wieder Versöhnung. Anna ist Heinrichs größte Liebe gewesen. Immer wieder versteht sie es, ihn an sich zu ziehen, bis ihr Schicksal um so sicherer entschieden ist, als sie fast drei Jahre nach der Geburt ihrer Tochter Elisabeth, am 29. Januar 1536, einen toten Knaben zur Welt bringt. Damit sieht Heinrich die Hoffnung auf einen Thronerben vernichtet. Er will Anna nicht mehr. Sie hat ihn doppelt enttäuscht.

Am 2. Mai, nur wenige Monate nach dem unheilvollen Ereignis, verkünden die Kanonen des Tower, daß man das Tor der großen Staatsverräter öffnen wird, um es hinter einer sehr hohen Persönlichkeit wieder zu schließen. Von der Themse her ist in heimlicher Nacht ein Boot gekommen. An Bord befindet sich die unglückliche Königin, die für immer die Ungnade ihres Herrn und Gemahls getroffen hat. Es nützt ihr nichts, daß sie hoch und heilig ihre Unschuld beteuert. Es nützt ihr nichts, daß sie an Heinrich schreibt: „Niemals hatte ein Fürst eine Frau, die ihre Pflichten treuer und in größerer Liebe erfüllte, als Anna Boleyn." Heinrich beachtet diesen Brief kaum. Eine neue Leidenschaft hält ihn gefangen. Er hat keine Zeit, kein Interesse, sich mit der Vergangenheit zu beschäftigen. Er hat nur Auge und Ohr für Jane Seymour. Mit ihr feiert er rauschende Feste, mit ihr hält er tolle Gelage, erlebt er neue Liebe, einen neuen Rausch, während Anna Boleyn im Kerker des Tower auf den Knien liegt und heiße Gebete zu Gott schickt. Während sie in finsteren, schauerlichen Nächten zu Tode verwundet schluchzt, Gott möge sie erhören und des Königs Herz erweichen. Es ist nicht möglich, daß er sie, die er geliebt, so jung, fallen lasse, daß er sie dem Henker ausliefern werde. Umsonst! Das Todesurteil wird wenige Tage später gesprochen, ohne Anna Gelegenheit gegeben zu haben, sich zu verteidigen. Als man sie am 19. Mai zur Richtstätte führt, ist sie gefaßt. Sie geht aufrecht in einem tiefausgeschnittenen schwarzen Kleid, das ihr todbleiches Gesicht nur noch mehr hervorhebt. Sie hat dieses Kleid angelegt, damit dem Henker erspart bleibe, ihr die modische steife Halskrause mit der Schere aufzuschneiden.

Nachdem sie alle, denen sie Unrecht getan, um Verzeihung gebeten hat – auch für Heinrich betet sie zu Gott – fällt das schöne Haupt Elisabeths Mutter unter dem Beil. Gleich nach der Hinrichtung spricht derselbe Erzbischof von Canterbury, Thomas Cranmer, der sich einst am eifrigsten um die Scheidung Heinrichs von Katharina von Aragon bemühte, jetzt die Nichtigkeitserklärung der Ehe des Königs mit Anna Boleyn aus. Und damit macht er sein Patenkind, Prinzessin Elisabeth, rechtlos, zum Bastard! Sie hat nicht nur die Mutter verloren, sondern auf ihr lastet auch der Makel der Illegitimität.

Im Grunde genommen bleibt das Unglück Anna Boleyns für viele ein Rätsel. Manche am Hofe wollen durchaus nicht an die vorgebrachten Gründe glauben. Die Protestanten, deren Beschützerin sie war, zweifeln. Hat sie wirklich die Ehe gebrochen? Oder war alles nur Vorwand von Heinrich, um sie los zu sein? Waren hier Intrigen ihrer Feinde im Spiel? Hatten sich die Katholiken für den Bruch Heinrichs mit Rom an Anna, der Ursache dazu, der glühenden Protestantin, gerächt? Viele Jahre später, als ihre Tochter Elisabeth zur Regierung kam, meldete sich noch einer der Verteidiger der Ehre Annas bei der Königin. Elisabeth erhielt im September 1559 einen Brief des Doktors Alexander Ales, eines angesehenen Protestanten. Als Augenzeuge des Todes ihrer Mutter bezeugte er der Königin: Anna sei das Opfer ihrer Anhängerschaft an die Reformation gewesen. Die Verleumdungen über ihr Privatleben habe man nur als Vorwand gebraucht, um ihren Einfluß auf Heinrichs Kirchenpolitik zu vernichten. In ihrem Innern pflichtete Elisabeth dieser Annahme wohl bei, sie tat indes nichts, um die Ehre ihrer unglücklichen Mutter zu rehabilitieren. Vielleicht wollte sie aus kluger Vorsicht das Vergangene nicht wieder aufstöbern. Vielleicht wären Dinge zum Vorschein gekommen, die die Rechtmäßigkeit ihrer Thronfolge hätten erschüttern können. Aber nicht nur aus diesen Staatsgründen unterließ Elisabeth es, sondern die Erinnerung an ihre Mutter hatte sich in ihrem Herzen nicht befestigen können. Sie war noch zu klein gewesen, um das Furchtbare im Leben Anna Boleyns richtig zu erfassen und nachzuempfinden. Eine Hinrichtung war außerdem eine nicht außergewöhnliche Staatshandlung, von der die damalige Zeit weiter kein Aufhebens machte. Was Elisabeth von der Schönheit und Jugend, von der Liebenswürdigkeit und Beliebtheit Anna Boleyns wußte, erfuhr sie höchstens heimlich von Freunden ihrer Mutter, denn sprechen durfte man in Gegenwart des Kindes nie öffentlich von Anna. Ihren Tod beklagten übrigens wenige. Die meisten wagten nicht, ihr Bedauern zu zeigen. La reine est morte, vive la reine, hätte man an Heinrichs Hofe rufen können, als Anna nicht mehr unter den Lebenden weilte. Die neue Leidenschaft Heinrichs VIII., Jane Seymour, ließ jetzt als zukünftige Königin alles Gewesene vergessen.

Zweites Kapitel. Kinderjahre

Das Kind Elisabeth, über dessen Taufbecken einst vier Lords einen prächtigen Thronhimmel hielten, dem die Tochter des Herzogs von Norfolk, Maria Howard, den hermelingefütterten rotsamtenen Taufmantel mit der endlosen Schleppe wie den Purpurmantel einer Königin nachtrug, dieses Kind geriet durch die Nichtigkeitserklärung der Ehe und den Tod seiner Mutter nicht nur in eine zweideutige, sondern auch in eine sehr armselige Lage. Wäre Lady Margaret Bryan nicht gewesen, wer weiß, was aus der armen Kleinen geworden wäre. In dieser gutherzigen Dame findet die von ihrem Vater Verstoßene, ebenso wie auch ihre jetzt neunzehnjährige Stiefschwester Maria, eine zweite Mutter und Helferin.

Fern vom Hofe in London, wo mit dem Einzug der neuen Königin Glanz und Freude herrschen, lebt die kleine Prinzessin Elisabeth auf Schloß Hunsdon, ihrer Kinderseele glücklicherweise unbewußt, das Leben einer Mißachteten. Auch Maria verbringt hier ihre bittere, von Scham und Schmerz über das Schicksal ihrer Mutter, Katharinas von Aragon, zerrissene Jugend, in ständiger Auflehnung gegen den Vater und seine „Konkubine“. Nie hat Maria Anna Boleyn anders betitelt. Heinrich VIII. kümmert sich weder um diese noch um die andere Tochter. Die kleine Elisabeth haßt er nicht. Er haßt besonders Maria, die von ihrer spanischen Mutter her Strengkatholische. Er fürchtet ihre anklagenden Augen, ihr ganzes ostentativ zur Schau getragenes Wesen der beleidigten Tochter. Einst hat sie der kleinen Schwester Elisabeth alle Rechte abtreten müssen, sogar ihren Titel Prinzessin von Wales. In Hunsdon oder Hatfield lebt sie seit drei Jahren auf Anna Boleyns Veranlassung als Enterbte, wie eine Gefangene. Solange Elisabeths Mutter lebte, durfte Maria es nicht wagen, an ihren Vater, ja nicht einmal an ihre unglückliche Mutter zu schreiben. Als die Sterbende im Januar 1536 nach ihrem Kinde verlangt, wird der Tochter verboten, ihr Lebewohl zu sagen. So wenig menschliches Gefühl zeigte Heinrich dieser Tochter gegenüber, und Anna Boleyn unterstützte ihn darin.

Nun aber hat das gleiche Unglück Annas eigene, auf so glanzvolle Weise zur Welt gekommene Tochter Elisabeth ereilt. Auch sie ist von ihrem Vater vergessen, entrechtet, allen Glanzes beraubt. In Hunsdon, einer kleinen, armseligen Hofhaltung, unter der Oberaufsicht Lady Bryans, besitzt das Kind kaum das Nötigste. Die Erzieherin muß sich an den allmächtigen Staatssiegelbewahrer, Lord Cromwell, der Anna Boleyn aufs Schafott gebracht hat, wenden, damit er beim König vorstellig werde, der kleinen Prinzessin Kleider und Wäsche zu beschaffen. Lady Bryan weiß nicht einmal, wie und als was sie ihre Schutzbefohlenen nun behandeln soll. „In welchem Verhältnis Mylady Elisabeth jetzt betrachtet werden soll", schreibt sie, „kenne ich nur vom Hörensagen. Ich weiß auch nicht, wie ich sie und mich oder einen der Leute, die unter mir stehen, das heißt, ihre Wärterinnen und Diener, anzusehen habe. Ich bitte Sie daher, Mylord, um Ihr Wohlwollen für meine Kleine. Ich bitte Sie, ihr ein paar Kleider zukommen zu lassen, denn sie hat weder Wäsche noch Rock, noch Leibchen, noch Unterkleid, noch etwas an Leinenzeug, weder Hemden noch Tücher. Sie besitzt keinen Mantel, kein Häubchen. Ich habe, mit Euer Gnaden Erlaubnis, damit hausgehalten, so lange es ging, aber nun kann ich, auf mein Wort, nicht mehr weiter. Bitte, bitte, Mylord, sehen Sie zu, daß meine Gnaden das Nötige bekommen."

Andrerseits hat Heinrich verordnet, daß die kleine Dreijährige alle Tage an der großen Tafel in Hunsdon speisen soll, wo sie mittags und abends mit den schweren Gerichten der damaligen Zeit, in der auch die Frauen gewöhnt sind, sich den Magen zu überfüllen, traktiert wird. „Ach, gnädigster Herr", fleht die Erzieherin, „es geht doch nicht für ein Kind in dem Alter, eine solche Lebensweise zu führen. Ich sage Ihnen offen, daß ich es dann nicht auf mich nehmen kann, sie gesund zu erhalten, wenn man sie so essen läßt. Sie sieht ja so manche Speise, Früchte und Wein, und für mich ist es schwer, Ihre Gnaden davon zurückzuhalten." Lady Bryan kennt ihren kleinen Schützling und seinen Eigenwillen genau. Sie weiß, Elisabeth hat bereits alle Anlagen zu einem genießerischen Wohlleben in sich. „Sie ist noch zu jung", fährt Lady Bryan fort, „um so etwas im Ernst zu tun, kommt sie aber einmal so weit, so kann ich sie weder zur Ehre Seiner Majestät des Königs noch zu ihrer eigenen noch zur Ehre meiner Wenigkeit, am allerwenigsten aber zur Erhaltung ihrer Gesundheit großziehen. Und darum lege ich Ihnen, Mylord, mein Verlangen ans Herz. Ach, sorgen Sie doch dafür, daß Mylady einen Gang aufs Zimmer bekommt, etwa von einem oder zwei guten Gerichten. Das ist genug für die Prinzessin... Guter Mylord, gedenken Sie meiner Kleinen und meiner selbst."

Inzwischen hat Heinrich gleich am folgenden Tag nach der Hinrichtung Anna Boleyns Jane Seymour geheiratet. Bald darauf ist im Parlament die Akte durchgegangen, die seine Tochter Elisabeth zur Thronfolge für unfähig erklärt und die Nachkommenschaft der neuen Königin Jane Seymour als erbberechtigt anerkennt. Im Stillen freut sich Heinrichs älteste Tochter Maria darüber, daß nun ihrer kleinen Rivalin das gleiche Schicksal blüht wie ihr. Nach außen indes gibt sich Maria den Anschein, dem intelligenten, schon frühzeitig äußerst begabten Kind die mütterliche Liebe zu ersetzen. Das geschieht gleichzeitig in der Absicht, den Vater zu beschämen, der seine Kinder so leicht vergißt. Maria ist jetzt bald Zwanzig. Der Tod ihrer Feindin Anna Boleyn hat ihr endlich eine gewisse Freiheit gebracht. Wenige Stunden vor ihrer Hinrichtung hat Anna ihre Stieftochter in tiefer Reue und Verzweiflung um Verzeihung gebeten für alles, was sie ihr Böses zugefügt habe. Nun faßt Maria Mut. Sie kennt ihren Vater. Er ist durch das neue Liebesglück in versöhnlicher Stimmung. Die Erinnerung an Marias Mutter ist in ihm verwischt. Ihr Tod hat alles ausgelöscht. Sein Haß gilt jetzt vielmehr Anna Boleyn. So unternimmt Maria es – allerdings noch auf Umwegen – sich von neuem die Gnade des Vaters zu erringen, und damit die Hoffnung auf Anerkennung. Im Herzen dieses stolzen, herrschsüchtigen, überaus ehrgeizigen Mädchens frißt die Wut, der Gram um ihr verlorenes Thronrecht. Es entspinnt sich zwischen ihr und dem allmächtigen Thomas Cromwell ein lebhafter Briefaustausch. Wie eine Ertrinkende fleht Maria um Rettung. „Lange schon wollte ich Sie bitten, mir Ihre Fürsprache bei Seiner Gnaden, dem König meinem Vater, zu schenken, um seinen Segen und sein Wohlwollen zu erlangen. Doch ich begriff: niemand würde gewagt haben, zu meinen Gunsten zu sprechen, so lange jene Frau lebte, die jetzt nicht mehr ist und für die ich Gott bitte, ihr in seiner großen Barmherzigkeit alles zu vergeben. Jetzt, da sie nicht mehr lebt, erlaube ich mir, Ihnen zu schreiben, denn ich habe Sie jederzeit als einen meiner besten Freunde betrachtet. . . .“

Ihr guter Freund, der gerissene Cromwell, ist indes nicht so leichten Kaufes zu gewinnen. Er verlangt eine Gegenleistung. Nichts anderes fordert er von der tiefkatholischen Prinzessin, als die Aufgabe ihres Glaubens, ferner die Unterzeichnung eines Schriftstückes, wodurch sie sich ganz der Herrschaft Heinrichs unterordnet und seine Oberhoheit über die Kirche anerkennt. Außerdem muß sie der Nichtigkeitserklärung der Ehe ihrer Mutter zustimmen. Sie kämpft mit ihrem Gewissen als Tochter und Katholikin. Sie holt sich bei ihrem mächtigen Vetter Karl V. Rat. Er rät ihr nachzugeben, weil Heinrich VIII. ihm für seine Politik nötig ist. Als Cromwell alles erreicht hat, erst dann darf Maria ihrem Vater wieder persönlich schreiben und ihm für seine große Gnade danken. Maria ist klug genug alles zu tun, was man von ihr verlangt. Im Herzen bleibt sie Katholikin und läßt sich in ihrem Glauben nicht stören. Als sie ihrem Vater schreibt, hält sie es für diplomatisch, nicht nur für sich allein zu bitten, sondern ihm auch die kleine Schwester Elisabeth in Erinnerung zu bringen. „Ich glaube“, schreibt sie am 26. Juli 1536 an den König, „Elisabeth wird einmal Eurer Hoheit Grund zur Zufriedenheit geben, wenn es dem allmächtigen Gott gefällt. Sie ist ein sehr folgsames Kind.“

Heinrichs Interesse gilt indes nicht der kleinen Tochter. Es wird bald einzig und allein auf seinen Sohn, den sehnlichst erwarteten Thronfolger gelenkt, den ihm Jane Seymour im Oktober 1537 schenkt. Mit diesem Ereignis ist allen Zweifeln, allen Schwierigkeiten für die Zukunft Englands ein Ende bereitet. Alle Hoffnungen und Wünsche richten sich auf dieses Kind. Heinrich ist glücklich und – wie Maria richtig vermutete – versöhnlich gestimmt. Seine älteste Tochter darf an den Hof, sie darf als Patin den kleinen Prinzen über das Taufbecken halten. Die dreijährige Elisabeth trägt das kostbare Taufkleid mit der viele Meter langen Schleppe. Ihre winzigen Hände sind aber viel zu schwach, und einer der Herzöge muß das Kind auf den Arm nehmen, damit es mit seiner Hilfe die schwere Last tragen kann.

Heinrichs Glück mit Jane ist nur ein kurzes. Noch ehe er die Glückwünsche zur Geburt seines Sohnes Eduard vom englischen Volk entgegennehmen kann, stirbt die junge Mutter. Zum erstenmal reißt das Schicksal von Heinrichs Seite eine Frau, deren er noch nicht überdrüssig geworden ist, die er vielleicht bis ans Ende geehrt hätte, weil sie ihm den Erben seines Thrones gebar. Sowohl Maria als auch die kleine Elisabeth verlieren in Jane Seymour eine Fürsprecherin beim König. Sie hatte sich durch Leutseligkeit und Liebenswürdigkeit viele Anhänger am Hofe erworben. Auch sie galt allgemein als die Protektorin des Protestantismus. Aber sie nützte ihren Einfluß auf Heinrich nicht zur Förderung des Hasses gegen die Katholiken aus. Vor allem sorgte Jane dafür, daß Elisabeth, auf der der Fluch einer auf dem Schafott geendeten Mutter lastete, eine sorgfältigere Erziehung als bisher genoß. Von diesem Augenblick an kam die Kleine dem Hofe wieder etwas näher. Es wurde besser für ihr geistiges und körperliches Wohl gesorgt. Und was Königin Jane eingeführt hatte, blieb auch nach ihrem Tod bestehen. Besonders, als Prinz Eduard größer wurde. Er liebte das um knapp vier Jahre ältere Schwesterchen zärtlich. Elisabeth, noch zu jung, um in dem Bruder einen unwillkommenen Eindringling in ihre Rechte zu sehen, der sie der englischen Krone beraubte, erwiderte die Zuneigung des Kleinen in spontaner Freude und Glückseligkeit, einen Gespielen gefunden zu haben.

Als der Prinz zwei Jahre alt war, erhielten beide Kinder eine gemeinsame Erziehung, die gleichen Lehrer. Dadurch kamen sie sich fürs Leben nahe.

Elisabeth hat diese Kinderjahre mit dem Bruder als die schönsten ihres Lebens betrachtet. Nie sprach sie anders von Eduard als in Ausdrücken höchster Liebe und des größten Bedauerns über seinen allzufrühen Tod. Wie ein Lichtstrahl in ihrer von Schrecken und Gefahren umgebenen Jugend sind diese Jahre des gemeinsamen kindlichen Erlebens und Lernens. Die Hinrichtungen, die Heinrichs Argwohn alle Tage befahl, die Verfolgungen, die durch ihn heute Protestanten, morgen Katholiken zu erdulden hatten, haben das Kind Elisabeth wohl wenig oder gar nicht berührt, weil sie erstens noch viel zu jung war und zweitens meist abseits vom Hofe in eigner Hofhaltung erzogen wurde. Die späteren Jahre ihres Kinderlebens aber sind bereits voll Unsicherheit und Mißtrauen. Sie lernt frühzeitig, sich zu verstellen, zu schweigen, sich zurückzuhalten. Der Gehorsam des anscheinend fügsamen Kindes ist oft nur äußerlich. Innerlich leidet Elisabeth bereits unter jeder Zurücksetzung und Bedrückung. Sie ist ernst und klug wie eine Große. Jener zwiespältige Charakter der späteren Herrscherin, der sich aus Stolz, Herrschsucht, Leidenschaftlichkeit, Willensstärke, Schwäche, Launenhaftigkeit und geschmeidiger Sanftmut zusammensetzte, schlummert bereits in dem kleinen Mädchen, das seine Abstammung von seinem leidenschaftlichen, zügellosen Vater und der genußsüchtigen Mutter in keiner Weise verleugnet. Elisabeth aber ist obendrein klug, als Kind sehr frühreif. Das Leben selbst lehrt sie sich zu beherrschen, ihr wildes Tudortemperament zu bändigen. Am Hofe ihres Vaters und noch mehr am Hofe ihrer Schwester Maria lernt sie jene Selbstbeherrschung, die sie als Königin aus Staatsgründen so oft anwenden muß. Der tyrannische Vater sowohl als auch die nicht minder herrschsüchtige Schwester sind mit harten Strafen schnell zur Hand. Man darf nicht viel sagen, wenigstens nicht alles, was man denkt. Der Tower ist finster. Es konnte vorkommen, daß man, wenn man einmal darin eingesperrt war, niemals wieder seinen Kerker verließ, niemals die Sonne wieder sah!

Elisabeths Kindheit entbehrt jedoch nicht der Freuden und mancher glücklichen Stunden. Fast jeder, der mit ihr in Berührung kommt, hat sie gern. Am Hofe bringt man dem höflichen aufgeweckten kleinen Mädchen

Zuneigung und Liebe entgegen. Man bewundert des Kindes schlagfertige Antworten, seine leichte Auffassungsgabe, seine Vorliebe zum Lernen und vor allem das frühzeitig ausgeprägte Talent für fremde Sprachen. Auch Heinrich freut die Klugheit seiner Tochter.

Thomas Cromwell, Staatssiegelbewahrer Heinrichs VIII.; Zeitgenössischer Stich

Elisabeths Geist wird schon sehr früh im Sinne der Renaissance gebildet. An Heinrichs Hofe gibt es viele über den Durchschnitt gebildete und gelehrte Frauen. Sich im Lateinischen und Griechischen, wie auch in lebenden Sprachen fließend unterhalten zu können, ist keine Ausnahme, sondern die Regel für den Renaissancemenschen der oberen Klassen. Eine Dame, die Anspruch auf Bildung macht, muß einen philosophisch gründlich durchgebildeten Geist besitzen, in der Dichtkunst und Musik Beweise ihres Könnens erbringen, auf allen Gebieten des Geisteslebens einigermaßen bewandert, in gesellschaftlichen Dingen erfahren sein. Der Mann aber muß, neben einer guten geistigen Bildung, auch ein kühner Reiter, ein Kämpfer bei allen Turnieren und Ritterspielen sein. Den Frauen der Renaissance steht Geist, Wissen, gesellige Sicherheit allen anderen weiblichen Eigenschaften voran, ohne daß sie dabei Lust und Lebensfreude und ihre äußere Schönheit vernachlässigen. Alle zimperliche Sentimentalität, wie sie später das 18. Jahrhundert so kraß zeitigt, ist ihnen fremd. In dieser Beziehung ist man am englischen Hofe vielleicht sogar um Nuancen robuster und derber als in Frankreich, wo die Sitten um diese Zeit bereits beginnen, verfeinerter, gezierter zu werden.

Die Welt, in der Elisabeth aufwächst, ist ein Gemisch von echter, tiefempfundener Frömmigkeit und gründlicher Gelehrsamkeit auf der einen, von zügelloser Ausschweifung, Rücksichtslosigkeit und Verrohung auf der anderen Seite. Der Vater selbst gibt durch sein Leben kein gutes Beispiel. Einige seiner Frauen noch weniger. Aber weder Heinrich noch sein Hof versinken in Dummheit und Stumpfsinn. Über allen Genüssen und rohem Genießen steht der Geist der Zeit, die einen Bacon und Shakespeare, Reformatoren und Diplomaten, Männer und Frauen hervorbringt, an denen die Weltgeschichte nicht vorübergeht. Das kluge Kind Elisabeth wächst in ihr. Fast alle Frauen ihres Vaters entdecken irgendeine Eigenschaft in dem Kinde, die es ihnen interessant macht. Fast alle bringen Elisabeth Sympathie, wenn nicht mehr entgegen. Jane Seymour wäre der Kleinen gern eine zweite Mutter geworden. Der Tod entreißt sie ihrem eigenen Sohn und der Mutterlosen. Heinrichs vierte Gattin, Anna von Cleve, erlebt nur eine kurze Ehe mit ihm. Sie ist

Heinrichs größte Enttäuschung. Sie kommt mit der Scheidung davon und hat kaum Zeit, sich am Hofe ihres Gatten zu erwärmen. Später kommt eine Art Freundschaft zwischen ihr und Elisabeth zustande. Die berüchtigte Catherine Howard, wie Anna Boleyn des Ehebruchs angeklagt, muß wie sie ihr Haupt aufs Schafott legen. Und gerade sie hat Elisabeth viele Wohltaten erwiesen. Jede von diesen drei Königinnen läßt in dem Kinde die Erinnerung an irgendetwas von ihrem persönlichen Einfluß, ihrem Wesen zurück. Keine jedoch lebt lange genug am Hofe, um dem heranwachsenden Mädchen Leiterin und Führerin zu sein. Die einen sind selbst noch zu jung, zu sehr mit ihren eigenen Angelegenheiten beschäftigt, um sich mit des Kindes Eigenart ernstlich zu befassen. Die anderen beherrscht nur ein einziger Gedanke: so lange wie möglich sich die Gunst des Königs, ihres Gemahls zu erhalten. Die fünfte aber, Catherine Howard, verliert sich in ihren Ausschweifungen. Mit 22 Jahren besteigt sie auf Befehl ihres Gatten das Blutgerüst.

Immer wieder haben Frauen den Mut, für Heinrich VIII. in den Tod zu gehen, wenn sie eine kleine Weile Erdenglück mit ihm genossen haben. Es findet sich eine sechste. Anders als alle anderen. Reifer, klüger, geschickter und gütiger. Catherine Parr, die Witwe Lord Latimers, zieht im Jahre 1543 als Königin in Windsor ein.

Die neue Gemahlin Heinrichs besitzt außer Lebenserfahrung und außer ihrer menschlichen Güte einen sehr gebildeten Geist. Sofort erkennt sie die hervorragenden Gaben der nun zehnjährigen Elisabeth. Sie sieht, was hier versäumt wurde und was noch gutzumachen ist. Sie nimmt sie an ihr Herz gleich dem sechsjährigen Thronfolger. Sie ist die erste, die keinen Unterschied macht, daß Elisabeth die Tochter der auf dem Schafott geendeten Anna Boleyn ist. Auch sie ist ein Kind des englischen Königs, so gut wie Eduard sein Sohn ist. Beide Kinder haben lange die Mutter entbehrt. Beide sind bis jetzt in den Händen von bezahlten Erziehern und Gouvernanten gewesen. Wenn auch John Cheke, William Grindall und Roger Ascham hervorragende Pädagogen und Gelehrte waren, Liebe und Herzlichkeit einer Mutter fehlte den Kindern. Vor allem Elisabeth ist sich viel selbst überlassen gewesen. Erst jetzt, mit Catherine Parr, beginnt für sie eine Kindheit voll Liebe und Verstehen. Der kleine Bruder hängt, je älter er wird, immer mehr, immer zärtlicher an ihr. Er liebt die kluge Schwester mit dem rötlichflammenden Haar, mit den Knabenmanieren in ihren gemeinsamen Spielen. Denn fast scheinen die Rollen der Kinder vertauscht. Elisabeth scheint der Junge und Eduard, der Zarte, Feine, das Mädchen zu sein. Beide indes haben etwas gemeinsam: die Vorliebe für ihre Unterrichtsstunden! Beide sind intelligent. Sie lernen alles mit Feuereifer. Elisabeth ist zwar dem Jüngeren in vielem voraus, nicht nur, weil sie älter ist, sondern weil sie eine außerordentlich rasche Auffassungsgabe besitzt. Sie braucht nie zu „büffeln". Sie lernt spielend und arbeitet leicht. Nie ist ihr etwas zu viel. Nie fällt ihr etwas zu schwer. Man gibt beiden Kindern die besten Lehrer, die ihren Schülern nichts erlassen. Der Geschichtsprofessor ist der berühmte Gelehrte Haywood. Ascham und Grindall, zwei bedeutende Humanisten, sind nacheinander Elisabeths Erzieher. Richard Cox und Professor John Clarke von der Cambridge Universität leiten die Erziehung des Thronfolgers.

Selbstverständlich werden Elisabeth und ihr Bruder mit der neuen Religion bekannt, deren Anhängerin auch Catherine Parr ist. Die Kinder erhalten regelrechten Religionsunterricht. Sie beginnen ihren Tag mit Gebeten und religiöser Lektüre aus dem Alten oder Neuen Testament. Nach dem Frühstück gibt es Sprachunterricht, Literaturstunden und später Kunstgeschichte und Philosophie. Auch der Prinz ist seinem Alter nach im Schulunterricht weit voraus. Er muß sich außerdem, zur Stärkung des Körpers, in Ritterspielen und den Waffen üben, denn die Renaissance verabscheut Weichlinge und Stubenhocker.

Elisabeth wiederum darf Musik und Tanz nicht vernachlässigen. Sie lernt die Laute schlagen und die Viola spielen. Handarbeiten füllen zur Schonung des Geistes ein paar Stunden des Tages des Kindes aus. Immer aber ist die neue Glaubenslehre der Leitstern des ganzen Unterrichts. Mit Gott beginnen die Kinder den Tag, mit Gott beenden sie ihn. Und doch ist Anna Boleyns Tochter ebensowenig eine wirkliche Protestantin geworden, wie sie, während Marias Regierung, eine wirkliche Katholikin war. Elisabeths spätere Willfährigkeit gegen die römischen

Kirchengebräuche entsprang zwar hauptsächlich ihrer äußerst klug berechnenden Politik, teils aber auch einer gewissen Lauheit gegen die neuen Glaubensanschauungen. Wie bei Heinrich, ihrem Vater, ist auch bei Elisabeth das religiöse Gefühl schwankend. Heinrich brach mit der römischen Kirche eigentlich nur aus Trotz, nur weil Rom ihm die Auflösung seiner Ehe verweigerte. Allerdings hatte er die Nationale Kirche bereits so weit in der Hand, daß er diesen gefährlichen Schritt ohne weiteres wagen konnte. In seiner in allen Dingen schrankenlosen Willkür wollte er Alleinherrscher auch über die Kirche sein. Und er führte durch, was er wollte. Um mit Erich Mareks zu reden, „Er hat sich den Wechsel der Verfassung, des Eides erzwungen. Er hat so die stärkstgefügte der englischen Institutionen mit allem ihren Reichtum an moralischem Einfluß und an materiellem Gute und politischer Macht dem Königtume einverleibt. Er hob damit sich selber über die Gewalt des Parlaments, dessen er sich in alledem als seines Werkzeuges bediente, aufs neue hoch empor". Heinrich blieb trotz allem Katholik, wenn er auch durch Thomas Cromwell als Generalvikar die Klöster aufheben ließ und alle mit Gewalttat und Grausamkeit bestrafte, die sich seinem Willen widersetzten. Er machte dabei keinen Unterschied, ob es Katholiken oder Protestanten waren. Jeder, der sich seinem Machtwort nicht fügte, wurde mit dem Scheiterhaufen bestraft.

Worin Heinrich VIII. aber machtlos erschien, war, daß auch er die protestantische Strömung von England nicht aufhalten konnte. Er beschützte zwar schon früher manchen Reformator, wie Latimer, aber sein trotziger völliger Abfall von Rom machte den Boden in England für den neuen Geist, der aus Deutschland kam, erst völlig aufnahmefähig. Die Bibel wird Allgemeingut. Jeder Engländer darf sie in der Landessprache lesen. Noch aber ist es eine unvollkommene Kirchenreform, die Heinrich aus persönlichem Egoismus herbeigeführt hat. Die Zeiten sind zerrissen, das Volk ist in religiösen Spaltungen verwirrt. Der Lebenswandel und Frevel des Herrschers lasten auf dem Lande. England ist von einer maßlosen Unruhe erfaßt, obwohl sein Wohlstand und Reichtum zunehmen. Am Hofe herrscht durch das rohe Gefühlsleben des Königs unter der Tünche schwelgerischer Pracht und Genußsucht die gleiche Zerrissenheit, die gleiche Unruhe. Viele zweifeln an Heinrichs aufrichtiger Überzeugung.

Das Kind Elisabeth sieht verhältnismäßig wenig von diesem Leben. Als sie nach jahrelangem Fernhalten vom Hofe endlich durch Catherine Parr wieder in der Nähe ihres Vaters leben darf, wird sie nicht lange darauf ein ganzes Jahr lang von neuem aus seinem Gesichtskreis verjagt. Sie hat in kindlicher Unschuld den Namen ihrer Mutter öffentlich ausgesprochen! Es ist aber allen, auch den Kindern, streng verboten, jemals die geschiedenen oder gemordeten Frauen Heinrichs zu erwähnen. Heinrichs Zorn entlädt sich über die zehnjährige Tochter Anna Boleyns, das lebende Zeugnis seiner furchtbaren Tat. Nicht einmal die Fürsprache ihrer gütigen Beschützerin nützt Elisabeth. Catherine vermag ihren Gemahl nicht zu bewegen, dem Kinde zu verzeihen. Es wird in St. James Palace von allem Familienleben des Königs ferngehalten, auch die Königin darf es nicht besuchen.

Fast ist ein Jahr vergangen, seitdem Elisabeth die Ungnade des Vaters erduldet. Er ist inzwischen zur Belagerung von Boulogne in den Krieg gegen Franz I. gezogen. Diese Gelegenheit ergreift die Elfjährige, um des Vaters Herz zu rühren. Es existiert ein italienisch geschriebener Brief von der Hand des Kindes vom 21. Juli 1544 an ihre „gute Freundin und wirkliche Mutter, die Königin“. Die kleine verbannte Prinzessin bedauert darin unendlich, der Gesellschaft Catherines beraubt zu sein. Sie empfindet diese Trennung als unerträglich, wenn sie nicht hoffen könne, sie bald wiederzusehen.

„In meiner Verbannung“, schreibt Elisabeth, wahrscheinlich unter der Leitung ihres italienischen Lehrers, „habe ich wohl gemerkt, daß Sie, Hoheit, sich in Ihrer Güte um mein Wohlbefinden ebenso besorgt und liebevoll gekümmert haben, wie es der König selbst getan haben würde. Daher fühle ich mich nicht nur verpflichtet, Ihnen zu gehorchen, sondern Sie auch wie eine Tochter zu verehren und zu lieben, vor allem, weil ich weiß, daß Eure Hoheit niemals vergessen, von mir in Ihren Briefen an Seine Majestät zu sprechen. Es ist also an mir, mich an Sie um Ihre

Fürbitte beim König zu wenden, denn bis jetzt habe ich noch nicht gewagt, an ihn selbst zu schreiben. Ich bitte Eure ausgezeichnete Hoheit, mich, wenn Sie Seiner Majestät schreiben, ihm besonders mit der Bitte zu empfehlen, er möge mir seinen für mich so süßen Segen erteilen. Ebenso heiß erflehe ich von unserm Herrgott, ihm den besten Erfolg und den Sieg über seine Feinde zu gewähren, damit Eure Hoheit und ich uns auf die baldige Rückkehr Seiner Majestät freuen können.

Gleichzeitig bitte ich Gott, Eurer Hoheit ein langes Leben zu schenken. Ich küsse Eurer Hoheit demütig die Hände und überlasse und empfehle mich ganz Ihrer Güte

Eurer Hoheit gehorsamste Tochter und treueste Dienerin

Elisabeth."

Es ist erstaunlich, wie gut sich bereits das kleine Mädchen in einer fremden Sprache auszudrücken versteht, selbst wenn ihr der Lehrer dabei geholfen hat. Die Renaissance forderte von den höfischen jungen Damen in diesem Alter bereits einen Stil und die Persönlichkeit des Ausdrucks, die Elisabeth später durch ihre geschraubte Schreibweise stark verminderte. Um dieselbe Zeit, da sie diesen Brief an die Königin schreibt, beschäftigt sich das Kind mit einer schwierigen literarischen Arbeit, einer Übersetzung aus dem Französischen der Margarete von Valois, „Miroir de l'âme pècheresse". Mit einer beinahe geistig überlegenen Bemerkung sendet Elisabeth das Werk an die Königin Catherine. „Ich habe versucht, das Werk und seinen Geist so gut ich es vermag wiederzugeben, aber es bleibt leider noch viel zu wünschen übrig. Viele Stellen sind ungeschickt und nicht nach meiner Zufriedenheit ausgefallen." Die Selbstkritik einer Elfjährigen ist erstaunlich. Catherine erreicht es schließlich doch, daß sich Heinrich mit seiner Tochter Elisabeth versöhnt. Sie darf sich wieder vor ihm sehen lassen, wenn er auch wenig Notiz von ihr nimmt. Das Kind aber ist für jedes Wort, jeden Blick, jede Geste des Vaters dankbar. Sie liebt ihren Vater. Er ist der König von England. Und sie ist seine Tochter. Am glücklichsten ist sie jedoch, nun wieder mit ihrem Bruder Eduard vereint zu sein. Diese Trennung ist ihr am schwersten gefallen.

Drittes Kapitel. Erste Heiratspläne

Inzwischen hat Heinrich VIII. bereits seit zwei Jahren sowohl für seinen jungen Sohn als auch für seine damals erst neunjährige Tochter Elisabeth Heiratspläne im Sinn. Im Jahre 1542 starb Jakob V., König von Schottland, und fast gleichzeitig war ihm eine Tochter geboren, die spätere Maria Stuart, die nun Königin von Schottland ist. Die Religionskämpfe der Schotten und Engländer bei Solway, nach denen Jakob von seinem Adel verlassen wurde und er die größte Niederlage seines Lebens erlitt, brachen ihm das Herz. Heinrich VIII. gedachte sofort die ganze Insel unter seine Herrschaft zu bringen. Er glaubte das am besten zu erreichen, wenn er die eben erst geborene schottische Königin Maria mit seinem Sohn Eduard verlobte. Mit achtzehn Jahren oder früher konnte der Prinz heiraten, dann war die kleine Braut zwölf oder dreizehn. Aber schon jetzt verfolgte Heinrich seinen Plan. Um sich die schottischen Großen gefügig zu machen, schenkte er allen in der Schlacht gefangenen vornehmen Schotten die Freiheit. Sie sollten in ihre Heimat zurückkehren und seinen Plan nach Kräften unterstützen. Einige gingen sogar sofort nach London, um dem jungen Prinzen von Wales als zukünftigen Gemahl ihrer noch in den Windeln liegenden Königin zu huldigen.

Für die kleine Elisabeth hält Heinrich VIII. gleichfalls einen dem schottischen Königsthron nahestehenden Mann bereit. Graf Arran wird allgemein als der nächste Erbe der Krone von Schottland betrachtet, obwohl über die Rechtmäßigkeit seiner Geburt Zweifel bestehen. Immerhin führt er nach Jakob des V. Tod die Regentschaft. Es ist indes nicht klar, ob Heinrich damals die Hand seiner Tochter dem jungen oder dem alten Grafen Arran zugedacht hat. Später tritt der junge Arran als Bewerber der Königin Elisabeth auf und wird, wie so viele, von ihrer Politik hin und hergeschoben, ohne dem Ziele näher zu kommen. Jedenfalls berühren sich hier zum erstenmal die Schicksale zweier Königstöchter, deren gegenseitiger Eifersucht später schließlich die eine zum Opfer fiel. Und wie verschieden die Lage der beiden Fürstenkinder, damals und später! Maria Stuart, als Kind mit der höchsten Würde einer Königin geschmückt, die sie dann durch eigene Mißgriffe und Fehler verliert! Elisabeth, die nichtanerkannte, immer noch illegitime Tochter Anna Boleyns, deren Lage damals höchst unbedeutend, ja niedrig ist, die sich indes durch ihren Geist, ihre Klugheit und ihr Glück zur größten Herrscherin Englands emporschwingt.

Es wurde jedoch weder aus der Verlobung des Thronfolgers mit der kleinen schottischen Königin noch aus der Heirat Elisabeths mit dem Grafen Arran etwas. Franz I. von Frankreich vereitelte diese Pläne. Maria Stuart kam schon als Kind an den französischen Hof, und Heinrich II. von Frankreich vermählte die junge Fürstin mit seinem Sohn, dem späteren Franz II. James IV., Graf von Arran aber dachte jedenfalls nicht daran, sich mit der englischen Prinzessin Elisabeth zu verloben. Auch er schloß sich der französischen Partei an. Die kleine Prinzessin blieb unverlobt und hatte später Gelegenheit, selbst Heiratsanträge in Massen abzulehnen, darunter auch James Hamilton, dritten Grafen Arran.

Heinrich VIII. nahm die Kränkung vonseiten des französischen Königs höchst übel. Er beschloß, sich zu rächen. Dazu brauchte er indes einen starken Verbündeten. Er wandte sich sofort an den Kaiser, ungeachtet er lange mit ihm in Feindschaft gelebt hatte, wegen der Scheidung von Katharina von Aragon, die eine Tante Kaiser Karls V. war. Heinrich hatte mit dieser Tat die ganze Familie von Spanien beleidigt. Wenn er jetzt an Karl V. mit einem Bündnis gegen Frankreich herantrat, so war es nicht zu verwundern, daß der Kaiser erst seine Bedingungen stellte. Er verlangte vor allem die förmliche Anerkennung Marias, der Tochter Heinrichs und der spanischen Katharina. Logischerweise konnte Heinrich auf einen solchen Vorschlag gar nicht eingehen, denn er gab dadurch der katholischen Partei seines Landes die Bestätigung, daß seine erste Ehe gültiger sei als die zweite. Da ihm jedoch sehr an dem Bündnis mit dem Kaiser lag, willigte er ein und setzte seine älteste Tochter Maria wieder in die Rechte der Erbfolge ein. Für seine Tochter Elisabeth verwendete sich besonders die Königin in dieser Angelegenheit. Auf alle Fälle trug ihre Fürsprache viel dazu bei, daß auch Elisabeth begünstigt und von diesem Augenblick an ihrem Range gemäß behandelt wurde. Die Einsetzung

Marias und Elisabeths zur Thronfolge nach Eduard VI. wurde durch Parlamentsbeschluß im Jahre 1544 bestätigt.

Der Krieg mit Frankreich brachte weder Heinrich VIII. noch Karl V. viel Nutzen. Er endigte mit einem Separatfrieden zwischen Karl V. und Frankreich. Aber die alte Feindschaft wegen der Scheidung Heinrichs von Katharina von Aragon war behoben. Als England im Jahre 1546 mit Frankreich endlich Frieden schloß, dachte Heinrich VIII. an eine Verbindung seiner Tochter Elisabeth mit einem spanischen Prinzen. Es wurden Unterhandlungen angeknüpft wegen einer Heirat der Prinzessin mit Philipp, der später ihr Schwager, in schwieriger Zeit ihr Beschützer, nach Maria Tudors Tod ihr Brautwerber und endlich ihr gefährlichster Feind fürs Leben wurde.

Von allen diesen Heiratsplänen erfährt das Kind Elisabeth gewiß kaum etwas. Sie sind nur in den Köpfen der Diplomaten und Herrscher entstanden und werden wieder fallen gelassen, wenn sich eine andere politische Chance bietet. Elisabeth verlebt nach ihrer Verbannung vom Hofe wieder zwei glückliche Jahre mit ihrem Bruder, bis die Kinder im Dezember 1546 von neuem getrennt werden. Prinz Eduard wird zum Zweck seiner männlichen Ausbildung – er ist neun Jahre alt – nach Hertford in Middlesex gesandt, Prinzessin Elisabeth kommt nach Enfield. Sie wird jetzt ganz auf den Lebensstandard einer königlichen Prinzessin gestellt. Sie hat eine neue Aja, oder besser Gesellschafterin und Freundin, in Lady Ashley erhalten, an die sie ihr ganzes Herz hängt. Beide Kinder leiden indes maßlos unter der neuen Trennung, besonders Eduard. Er vermißt die reizende Gespielin und Schulkameradin. Beim Abschied hat sie ihn getröstet: „Wir schreiben uns oft." Und es beginnt zwischen den Kindern ein eifrig geführter Briefwechsel in lateinischer oder italienischer Sprache. Die kleinen Prinzenbriefe sind herzlich. Eduard bewundert die Schwester, ihre Kenntnisse, ihre Klugheit, ihre körperliche Gesundheit, ihren sich bereits bemerkbar machenden Willen, ihren vor nichts zurückschreckenden Mut und ihr Selbstbewußtsein, während er selbst körperlich schwach, widerstandslos und zart bleibt.

Da tritt ein Ereignis ein, das über Eduards Schicksal entscheidet und Elisabeth dem Throne wieder ein Stück näher bringt. Heinrich VIII. stirbt in der Nacht vom 27. zum 28. Januar des Jahres 1547. Wenige Wochen sind seit der Trennung der Kinder verflossen, nun vereint sie der Tod des Vaters aufs neue. Man weiß nicht, ob der Verlust des Vaters auf das dreizehnjährige Mädchen erschütternd gewirkt hat. In einem Briefe an den Bruder hofft sie, ihn mit „philosophischer und christlicher Ergebenheit“ zu tragen. Stärker scheint bei ihr die Freude des Wiedersehens mit Eduard zu sein. Der junge König wird vorerst zu seiner Schwester nach Enfield gebracht, ehe er in London den Tower bezieht, wo er gekrönt wird. Als König ist sein erster Gedanke: Elisabeth, die Lieblingsschwester! Er ruft sie und sie eilt zu ihm, nicht mehr als die vom Throne Verstoßene, sondern als beinahe Gleichberechtigte, ebenso wie die älteste, Maria. Denn Heinrich hat nicht nur seine beiden Töchter für die Erbfolge wieder anerkannt, sondern auch in seinem Testament einer jeden eine Jahresrente von 3000 Pfund zugesprochen und ihnen eine Ausstattung von 10.000 Pfund zugesichert. Doch es ist eine Bedingung an dieses Vermächtnis geknüpft: beide Prinzessinnen dürfen sich nur mit Zustimmung des Königs und seiner Räte verheiraten! Über die legale Geburt Elisabeths steht nichts im Testament.

Viertes Kapitel. Gefahren und Versuchungen

Der junge König, für den in Wahrheit nicht die Räte regieren, sondern der „Protektor“, sein Onkel Eduard Seymour, Graf Hertford, späterer Herzog von Somerset, will vor allem seine Schwester Elisabeth so oft wie möglich um sich haben. Sie vertragen sich so gut miteinander. Sie stimmen in allem überein. Vorläufig haben die Räte Eduards und Somerset nichts gegen Elisabeths Besuche bei dem zehnjährigen Knaben, der immer traurig wird, wenn sie ihn wieder verläßt. Elisabeth gibt ihnen noch keine Veranlassung zum Mißtrauen. Beide sind Kinder, die miteinander lernen und spielen wie ehedem. Es hat sich in dieser

Beziehung nicht viel seit der Thronbesteigung des Königsknaben geändert. Die Politik interessiert Elisabeth und auch Eduard noch nicht; die beschäftigt nur die Männer, die den König leiten.

Es weht indes eine neue Luft am Hofe. Die protestantische Partei hat jetzt ganz die Oberhand, denn Eduards Staatsmänner, die Somerset und Northumberland und der allmächtige Erzbischof von Canterbury, Thomas Cranmer, gehören schon aus Opposition gegen den hohen englischen Adel der Reform an, während dieser, weil er sich Rom nicht öffentlich anschließen kann, bei der anglikanischen Kirche verharrt. Was Heinrich VIII. willkürlich begonnen, führen die Regierungsmänner unter seinem Sohn schrittweise zu festeren Formen. Der junge Eduard aber wird von allen Staatsaktionen ängstlich ferngehalten und gehütet.

Die Protestanten dürfen sich jetzt frei bewegen, ihren Gottesdienst ohne Gefahr ausüben. „Mit fliegenden Fahnen ging man in das Lager der festländischen Reformation über.“ Und zwar überwiegt das helvetische Glaubensbekenntnis. In ganz England wird das englische Gebetbuch eingeführt und ein paar Jahre später durch Cranmer das aus 42 Artikeln bestehende Glaubensbekenntnis veröffentlicht. Niemand macht sich schuldig es zu lesen, sich zu ihm offen zu bekennen. Die einst tage- und nächtelang brennenden Scheiterhaufen, auf denen Menschen aus beiden Religionen für ihren Glauben starben, sind erloschen.

Je mehr aber die Reformation Boden gewinnt, desto stärker wird auch der Widerstand der Katholiken. Am Hofe selbst, dessen König von seinen Lehrern und Ministern ganz dem Protestantismus zugeführt wird, gibt es trotzdem eine Menge Leute, die katholisch empfinden und in ihrem Innern gute Katholiken geblieben sind. Unter ihnen und allen voran die eigene Schwester des Königs, Maria Tudor. Auch sie hat der junge Eduard anfangs zu sich gerufen und sich ihr wie einer Mutter genähert. Sie ist bei seiner Thronbesteigung über dreißig Jahre alt. Durch ihre freudlose Jugend verbittert, im Haß gegen die Protestanten großgeworden, eine fanatische Katholikin. Unvorsichtigerweise versucht sie den kleinen König mit ihren eigenen Ideen bekannt zu machen. In mancher vertrauten Stunde der Unterhaltung klärt sie ihn über Dinge auf, die sonst vor ihm streng geheim gehalten werden. Im Gegensatz zu Elisabeth widersetzt sie sich gegen alles, was die Räte des Königs von ihr verlangen. Seit Maria die wuchtige Hand des Vaters nicht mehr über sich fühlt, glaubt sie wieder freier auftreten zu können.

Der Protektor wittert Gefahr. Er durchschaut die innerlich ganz katholisch gebliebene Prinzessin und deren gefährliches Spiel. Sie muß schleunigst aus der Umgebung des Königs entfernt werden. Nur selten noch und niemals allein wird Maria gestattet, den Bruder zu besuchen. Eduard Seymour meint, diese Besuche stimmen den König nur traurig, er verfalle in eine Melancholie, von der er sich lange Zeit nicht freimachen könne, wenn Maria dagewesen sei. Auch Elisabeth wird von nun an von Eduard fern gehalten, obwohl man durch sie gewiß keinen katholischen Einfluß zu befürchten hat. Sie ist damals in jeder Weise eine korrekte Protestantin. Aber man hat ein leises Unbehagen vor der allzu reifen Intelligenz und der bereits hervortretenden Persönlichkeit der jungen Prinzessin. Plötzlich findet man, daß Elisabeth eines größeren mütterlichen Schutzes bedarf als es bisher der Fall war. Sie ist bald vierzehn Jahre alt, in dem gefährlichen Alter zwischen Kind und Jungfrau. Das Leben am Hofe schließt Gefahren in sich, vor denen ein junges Mädchen behütet werden muß. Elisabeth kommt also ganz in das Haus der Königin Witwe Catherine, die sich schon zu Lebzeiten Heinrichs ihrer angenommen hat. Die Prinzessin erhält ihren eigenen Hofstaat, der aus 120 Personen besteht. Ihre Erzieherin und Gesellschafterin, Lady Ashley, eine Verwandte Anna Boleyns, deren Andenken sie in dem Kinde aufrechtzuerhalten sucht, bleibt bei ihr. Niemals darf indes der Name der Mutter Elisabeths genannt werden, auch jetzt nicht, da Heinrich längst tot ist. Die Prinzessin hütet sich übrigens, es noch einmal zu tun. Und doch erzählt ihr Lady Ashley manches. Sie verstehen sich auch ohne Nennung des Namens. Elisabeth lernt weiter ihre Gefühle verbergen, sich zu verstellen. Ob sie an die Unschuld ihrer unglücklichen Mutter glaubt, hat man von ihr nie erfahren. Als Königin hat sie, wie gesagt, es nicht unternommen, Anna Boleyn zu rehabilitieren. Nur ein einziges Mal erteilt sie – nach ihrer Thronbesteigung – dem damaligen Erzbischof von

Canterbury, Mathew Parker, im geheimen den Auftrag, in den Archiven des Palais Lambeth nachzuforschen, ob eine päpstliche Bulle existiere, die die Ehe ihrer Mutter mit Heinrich VIII. bestätige. Parkers Nachforschungen waren natürlich ohne Erfolg, und damit ließ man die Angelegenheit auf sich beruhen.

Unter Catherine Parrs fürsorglichem Schutz lebt die junge Elisabeth dennoch verhältnismäßig frei und ungestört. Die achtunddreißigjährige lebensfrohe Witwe Heinrichs trauert nicht lange um den Verstorbenen. Einer der Seymours, des Protektors jüngerer Bruder, Thomas Seymour, ist bei der Thronbesteigung Eduards VI. zum Peer und Lordadmiral ernannt worden. Doch der Ehrgeiz der Seymour trachtet nach Höherem. Es zu erreichen, ist beiden Brüdern kein Mittel zu schlecht. Thomas neidet dem Bruder das Protektorat über den königlichen Knaben. Auch er will dem Throne nahe, mächtig, reich und einflußreich sein. Thomas Seymour ist schön, noch ziemlich jung, 38 Jahre. Sein Äußeres prädestiniert ihn dazu, eine repräsentative Stellung einzunehmen. Vor allem aber –: er wirkt fast mit magischer Gewalt auf Frauen. Seine hochgewachsene kräftige Gestalt, seine glänzenden Geistesgaben, sein unternehmender, kühner Charakter, seine Gewandtheit bei Turnieren, erleichtern ihm die Erfolge. Immer geht er gerade aufs Ziel los. Nichts scheint ihm zu gewagt, nichts zu hoch für seine Ansprüche. Erleidet er eine Niederlage, sofort findet er neue Mittel und Wege, um das Ziel zu erreichen, das er sich gesteckt hat.

Die Macht seines Bruders gibt ihm keine Ruhe. Maßloser Ehrgeiz lassen in ihm den Plan reifen, sich durch eine Familienverbindung mit dem Hofe Ansehen und Einfluß zu verschaffen. Er ist keine schlechte Partie für eine Frau.

Seine Blicke richten sich auf die jüngste Prinzessin des Hofes, auf die Schwester des Königs, auf Elisabeth. Schon im Februar, wenige Tage nach dem Tode Heinrichs VIII., hält Thomas Seymour um die Hand Elisabeths an. Er wird von den Räten des Königs und von seinem Bruder prompt abgewiesen. Das verblüfft indes den kühnen Brautwerber in keiner Weise. Es muß nicht Elisabeth sein, die ihm zur Macht verhelfen soll. An die dreißigjährige Schwester Maria wird er kaum gedacht haben, denn er kannte deren rein katholische Gesinnung, die ihm in seinen Plänen nur geschadet hätte.

Das Ziel seiner Wünsche ist jetzt die Königin-Witwe selbst. Das Spiel wird ihm leicht, denn Catherine Parr liebte ihn bereits vor ihrer Verbindung mit dem König. Sie sagt nicht nein, als er um sie anhält, und gibt ihm ihre Hand mit solcher Eile, daß sich der an ungewöhnliche Dinge gewöhnte Hof sogar darüber entsetzt. Ihre Stieftochter Maria besonders ist außer sich, daß die Königin so kurz nach dem Tode des Königs ans Heiraten denkt. Der junge Eduard allein hat nichts dagegen und rät seiner Stiefmutter, die Ehe einzugehen. Übrigens braucht Catherine niemand zu fragen, und so heiratet sie den Lordadmiral im Geheimen im Frühjahr, die einen behaupten bereits im März, die anderen im Mai des Todesjahres Heinrichs VIII. Die Feindschaft der Brüder Seymour nimmt damit ihren Anfang.

In Chelsea, dem Schloß der Königin-Witwe, lebt Thomas Seymour durch seine Verheiratung auch mit Prinzessin Elisabeth, die er hatte heiraten wollen, unter einem Dache. Das junge Mädchen ist weder prüde noch schüchtern. Sie ist für ihr Alter auch körperlich sehr entwickelt. Das 16. Jahrhundert kennt wenig Delikatesse. Am Hofe Heinrichs VIII. hat man sich an manches Ungeheuerliche gewöhnt. In Liebesangelegenheiten ist man schon gar nicht heikel oder diskret. Kurz, zwischen der frühreifen Elisabeth und dem Lebemann Thomas Seymour entspinnen sich Beziehungen zweifelhafter Art. Anfangs werden sie von der Königin, die darüber Bescheid weiß, nicht ernst genommen. Sie weiß, ihr Gatte geht jeden Morgen in das Schlafzimmer der jungen Prinzessin, um sie mit einem Morgenkuß zu wecken. Dabei gestattet er sich Freiheiten gegen die im Bett Liegende, die das Maß seiner Rechte als Stiefvater nicht nur überschreiten, sondern mehr als ein eigenartiges Licht auf die am Hofe herrschenden Sitten und die Einstellung der handelnden Personen werfen. Das junge Mädchen Elisabeth ist weder empört noch verschämt. Sie geht zwar nicht direkt auf die lüsternen Scherze und Freiheiten ihres früheren Brautwerbers und jetzigen „Beschützers“ ein, aber sie verwahrt sich nicht dagegen, sondern lacht, wenn Seymour zudringlich unter ihre

Bettdecke faßt und sie kitzelt, oder, wenn er einen ihrer wunderschönen Füße festhält, daß sie wild vor Lachen um sich schlägt und aus dem Bett springt, um sich von ihm zu befreien. Ihre Unbändigkeit reizt ihn zu immer kühneren Späßen. Die Vierzehnjährige denkt sich vielleicht nicht viel bei alledem. Vorläufig ist das Kind in ihr noch vorherrschend. Aber Seymour ist keineswegs harmlos. Lady Ashley, die die Besuche des Lords bei ihrer Schutzbefohlenen nicht verbieten kann oder vielleicht nicht einmal verhindern will, hält es indes doch für geraten, die Königin von gewissen Dingen zu unterrichten. Und sei es auch nur, damit man ihr später nicht vorwerfen kann, sie habe zu allem geschwiegen. Catherine hört mit gespielter Gleichgültigkeit zu. Sie ist klug genug, sich selbst und ihren Gatten vor der Hofdame nicht bloßzustellen. Sie erwidert: „Ach, Elisabeth ist ja noch ein Kind. Lord Seymour bringt ihr nichts als väterliche Gefühle entgegen. Er lacht und scherzt mit ihr. Das ist alles."

Am nächsten Tag aber überzeugt Catherine sich selbst, wie „väterlich" er sich gegen die Prinzessin benimmt. Sie begleitet ihn bei seinem Morgenbesuch zu Elisabeth. Mag sein, daß sich Seymour in ihrer Gegenwart etwas mehr zurückhält, immerhin sind die Freiheiten, die er sich dem jungen Mädchen gegenüber gestattet, weitgehend genug, um die Königin stutzig zu machen. Sie sagt indes nichts. Sie nimmt sogar zum Schein an den Scherzen ihres Gatten teil. Sie kneift und zwickt Elisabeth, die sich in ihrem Bett kaum mehr zu helfen weiß. Einmal, im Garten, hält die Königin-Witwe die Prinzessin fest, während Seymour ihr mit einer Schere das ganze Kleid vom Körper schneidet. Solche und ähnliche Scherze liebte man. Sie sind durchaus zur Belustigung der Gesellschaft erlaubt. Catherine hofft damit der ganzen Sache die Spitze und Bedeutung zu nehmen. Vor allem will sie dem Kinde die Unbefangenheit lassen. Aber Elisabeth ist viel zu intelligent, um nicht selbst bald zu merken, was Seymours Morgenbesuche bei ihr bezwecken. Er kommt jetzt übrigens nie mehr allein. Immer ist die Königin mit ihm. Mit der kindlichen Harmlosigkeit Elisabeths ist es bald vorbei. Sie wird zur Beobachterin. Es entgeht ihr nicht, daß Catherine, die Seymour aus Liebe geheiratet hat, eifersüchtig ist. Sie fühlt es nicht nur, sondern sie weiß es. Auch Kate

Ashley hat der jungen Prinzessin die Augen geöffnet. Sie hat Elisabeth geradeheraus gesagt, Seymours Liebe gelte ihr und nicht seiner Frau. Nur weil er abgewiesen worden wäre, hätte er die Königin-Witwe geheiratet. Von diesem Augenblick an gewinnt der nahezu vierzigjährige Mann ein anderes Interesse in den Augen der vierzehnjährigen Elisabeth. Sie spricht jetzt öfter mit Kate von ihm. Sie wird verlegen, sie errötet, wenn die Hofdame eine Anspielung auf sie beide macht. Jetzt erst beginnt Elisabeth den wahren Sinn richtig zu verstehen, den das Benehmen des Lordadmirals ihr gegenüber in sich schließt. Sie verliert ihre Unbefangenheit ihm gegenüber nun völlig. Seine Schäkereien üben auf sie einen eigenartigen Reiz aus, dem sie sich nicht entziehen kann. Wenn er sich ihr jetzt nähert, wird sie ernst, schüchtern, sie geht nicht mehr auf alles ein, und doch sieht er in ihren Augen ein Verlangen, das ihn rasend macht. Der Königin entgeht das alles nicht. Elisabeths Erröten ist verräterisch. Catherine zieht ihre Konsequenzen daraus. Ohne Skandal, ohne viel Aufhebens wird die junge Prinzessin von Chelsea nach Cheshunt abgeschoben und so ein für allemal den „väterlichen" Zärtlichkeiten Lord Seymours entzogen.

Nichts indes läßt darauf schließen, daß die Königin ihrer Stieftochter zürnt. Sie läßt sich nichts das Geringste Elisabeth gegenüber merken. Sie ignoriert in ihren Gesprächen die Besuche ihres Gatten. Sie tadelt nicht, sie ermahnt nicht, sondern bleibt während Elisabeths Abwesenheit in herzlichem Briefaustausch mit ihr. Catherines größter Wunsch und Hoffnung sind, daß Elisabeth doch noch einmal Königin von England werde. Dieses Ziel steht ihr bei der Erziehung der Prinzessin immer als Höchstes vor Augen. Sie verspricht ihr, sie vor allem Bösen zu bewahren. Immer wieder weist sie sie darauf hin, daß sie einst vor Aufgaben gestellt werden könne, die man heute noch nicht voraussehe.

Catherine Parr ist es nicht beschieden, diese Zeit, die gar nicht mehr allzu fern ist, mit zu erleben. Auch diese sechste Frau Heinrichs VIII. stirbt noch jung, wenige Monate nach Elisabeths Entfernung, im Wochenbett. Lord Seymour, den sie geliebt hat, dem sie ihr ganzes großes Vermögen hinterläßt, trauert kaum um sie. Der Tod seiner Frau bedeutet für ihn den

Weg zur Freiheit, wiederum zu der jungen Elisabeth. Sie hat zum zweitenmal die Mutter verloren. Sie fehlt ihr wohl, aber Lord Seymours Gegenwart wirkt stärker auf die Prinzessin. Von dem Augenblick an, wo die Königin nicht mehr ist, werden die Beziehungen zwischen Elisabeth und dem Lordadmiral immer fester. Nicht ohne Berechnung denkt Seymour jetzt, trotz des hartnäckigen Widerstandes seines Bruders, mit dem er sich verfeindet hat, ganz ernstlich an die Heirat. Seine gefährlichen Verführungskünste bleiben nicht mehr ohne Wirkung auf die nun Fünfzehnjährige. Die Leidenschaft, die Zärtlichkeiten des erfahrenen Mannes entflammen ihr Temperament. Seine Ausdauer, wieder und wieder um sie zu werben, rührt sie und macht sie auch ein wenig stolz. Er ist der erste Mann, der sich ihr genähert hat. Sie liebt ihn bald so, daß sie ganz in seinen Bann gerät. Sie kann nicht mehr von ihm los. Jeden Tag gewährt sie ihm heimliche Zusammenkünfte, im Park, auf der Themse, vielleicht auch in ihrem Zimmer. Lady Ashley und der Schatzmeister Parry sind langst von Thomas Seymour gewonnen. Sie begünstigen eher, als daß sie verhindern. Seymour wird von Tag zu Tag sicherer. Für ihn ist die Zukunft mit Elisabeth keine Frage mehr. Als er aber schließlich von Heirat zu ihr spricht, lehnt sie entschieden ab. Trotz ihrer Jugend ist sie bereits so beherrscht, daß sie sich nicht von ihrem Gefühl hinreißen läßt, eine Dummheit fürs Leben zu begehen. Sie ist eine Tudor! Die Tochter Heinrichs VIII.! Thomas Seymour jedoch stammt aus ehemals kleinem Adel, wenn er auch ihr Onkel ist. Nur die Erhebung Janes zur Gattin Heinrichs haben die Seymour groß gemacht. Die kleine Elisabeth denkt nicht daran, sich die Karriere der Großen für später zu verderben. Liebe, ja, eine Heirat, nie! Eine englische Königstochter kann nach einer höheren Verbindung greifen. Weder der Protektor noch ihr Bruder Eduard, der König, noch seine Räte werden jemals die Einwilligung zu dieser Ehe geben. Das scheint Elisabeth die beste Ausrede. Sie macht also die Einwilligung des Protektors und der königlichen Räte zum Haupthindernis der Wünsche Seymours. Ausweichend antwortet sie dem Geliebten auf sein fortwährendes Drängen, es stehe nicht in ihrer Macht, persönlich eine Entscheidung in dieser Angelegenheit zu treffen.

Catharine Parr, Gattin Heinrichs VIII.
Stich von Vermeullen nach einem Gemälde von Adrian van der Werff

Thomas Seymour ist nicht der Mann, der sich so leichten Kaufs abspeisen läßt. Daß er aber durch friedliche Mittel sein Ziel niemals erreichen werde, ist ihm sonnenklar. Er sinnt auf Rache gegen seinen Bruder, in dem er seinen Hauptgegner erblickt. Der Zwist zwischen den Brüdern, der schon einmal entflammt und wieder beigelegt ist, bricht von neuem hervor. Zuerst versucht Thomas den jungen König gegen seinen ersten Berater zu beeinflussen, um später selbst allmächtiger Protektor zu werden und dann Elisabeth zu heiraten. Um Eduard ganz für sich zu gewinnen, leiht er ihm sogar Geld, denn der König wird vom Protektor knapp gehalten. Thomas Seymour ist reich, er kann jede königliche Laune befriedigen, und später wird ihm der Monarch Dank dafür wissen. Ist Thomas erst selbst am Ruder, wird ihn keine Macht mehr abhalten, seinen Plan zu verwirklichen. König Eduard aber soll Jane Grey als seine Gattin zum Throne führen, Thomas hat sie schon vor einiger Zeit in dieser Absicht an den Hof in seine Familie gebracht. Als aber auch diese Pläne scheitern, oder nicht im geringsten vorwärts kommen, sinnt Seymour auf anderes. Des Lordadmirals ganzes Verhalten sieht stark nach Aufruhr aus. Der Adel steht auf seiner Seite, denn in diesen Kreisen haßt man den Protektor, der dem Volk geneigt ist. Thomas Seymour hofft also seinen Bruder Somerset mit Hilfe des englischen Adels mit Gewalt zu stürzen. Noch ehe aber Thomas seine Pläne zur Reife bringen kann, wird er verraten. Dies und sein dem Staatsrat ebenfalls bekannter Plan, Elisabeth zu heiraten, bringen ihn zu Fall. Im Januar 1549 wird er verhaftet, in den Tower geworfen und nach drei Monaten, im März, nachdem seine Anklageschrift in den beiden Kammern dreimal verlesen worden ist, dem Henker überliefert. Im Unterhaus gibt es zwar einige, die Widerspruch dagegen erheben. Doch es nützt nichts. Man hält den gefährlichen Mann zu allem fähig, und Somerset fürchtet den eigenen Tod, wenn er den Bruder am Leben läßt.

Auch Elisabeths Vertraute, Thomas Parry und Kate Ashley kommen in den Tower. Es ist offenbar, daß sie beide in die Ehe- und Liebesintrige Seymours eingeweiht sind oder zum mindesten nichts getan haben, um Elisabeth vor den gefährlichen Nachstellungen des Großadmirals zu schützen, sie vor einer Gewalttat zu retten, die für die junge Prinzessin von weittragendsten Folgen hätte sein können. Man weiß auch, es haben Besprechungen zwischen dem Intendanten Parry und Seymour stattgefunden, in denen über Elisabeths finanzielle Lage, über ihre

Einkünfte und Ausgaben ziemlich unzweideutig verhandelt wurde. Allen diesen Dingen will man auf den Grund gehen.

Elisabeth selbst wird nicht geschont. Sie muß sich verantworten. Schwere Anklagen lasten auf ihr. Ihre Neigung zu Thomas Seymour ist die erste, vielleicht die stärkste in ihrem Leben. In ihrer Jugend und Unerfahrenheit hat sie seine stürmischen Huldigungen zu rasch angenommen. In ihr pulsiert das heiße Blut ihres Vaters und ihrer Mutter. Sie ist ein Renaissancemensch, der keine Schranken seiner Triebe kennt. In ihrer Umgebung gibt es Männer und Frauen, die ihr Leben in zügelloser Freiheit genießen. Niemand in ihren Kreisen findet sonst etwas Verbotenes und Schlechtes darunter, wenn sich junge Prinzessinnen mit jungen Lords nachts im Park Stelldichein geben. Die Leute, denen Elisabeths Obhut anvertraut ist, Lady Ashley, Parry, lassen sie ruhig gewähren. Sie lassen Dinge vor ihren Augen geschehen, die sie nie gestatten durften. Sie waren es, die Elisabeth eigentlich zuerst von der Liebe, ja von einer eventuellen Ehe mit Seymour sprachen. Sie nährten das Interesse des jungen Mädchens, indem sie ihm sagten, Seymour liebe sie mehr als alles.

Es kommt noch schlimmer. Es werden Gerüchte laut, die Elisabeth ungeheuer bloßstellen. Man munkelt, sie werde bald einem Kinde das Leben geben. Welche Lage für ein Mädchen von fünfzehn Jahren! Sie ist Menschen ausgeliefert, von denen den einen nichts an ihrem Ruf liegt, während die anderen sie für schuldig und absolut verdorben halten. Man tut indes nichts weiter als die Prinzessin in Hatfield streng zu bewachen. Sie wird einem höchst peinlichen, sehr gefährlichen Verhör unterzogen. Sir Robert Tyrwhitt, dem man die Überwachung Elisabeths anvertraut hat, versucht mit höchstem Raffinement aus ihr das Geständnis ihrer Liebe, ihrer Beziehungen und vor allem ihres Einverständnisses zur Ehe mit Lord Thomas Seymour und damit auch mit allen seinen Verschwörungsplänen gegen das Leben des Protektors herauszulocken. Gleichzeitig werden Kate Ashley und Parry im Tower gereinigt, um zu gestehen, und Seymour bleiben nur noch wenige Stunden zu leben.

Anfangs scheint es, als ob das junge Mädchen unter der Wucht der Ereignisse zusammenbrechen will. Elisabeth weiß, was dem Geliebten bevorsteht. Sie weiß, daß er die Kerker des Tower nie wieder lebendig verlassen wird. Auch die Angst um Kate und Parry verzehrt sie. Sie weint verzweifelt Tag und Nacht. Tyrwhitt und alle frohlocken über diese Tränen. Es wird leicht sein, von einem so verzweifelten jungen Ding alles zu erfahren. Hat Elisabeth doch bereits den Fehler begangen, in ihrer Herzensangst den Inquisitor zu fragen, ob Kate oder Parry vielleicht etwas ausgesagt hätten. Doch diese Schwäche dauert nur kurze Zeit. Elisabeths Wille, ihr Trotz und ihr Tudorstolz bäumen sich. Sie darf, sie will nicht unterliegen! Und es ist erstaunlich, ja bewunderungswürdig, mit welcher Geistesgegenwart und Festigkeit sich die Fünfzehnjährige aus der Schlinge zieht. Sie geht in keine der Fallen, die Tyrwhitt, der Protektor und die Räte des Königs ihr legen. Auch eine Freundin hat man ihr geschickt. Die schöne Lady Browne, die Elisabeth sehr liebt und besser als alle versteht, erreicht nichts, so sehr sie sich auch bemüht, das Herz der Prinzessin zu erforschen. Elisabeth bleibt verschlossen. Ob man es auf sentimentale, auf brutale oder hinterlistige Weise versucht, immer verhält sie sich in der ganzen Angelegenheit kühl und fest. Sie sagt nur, was sie für gut hält. Oft sind es halbe Wahrheiten, niemals aber läßt sie sich besiegen alles zu gestehen. In seinem Bericht an den Protektor schreibt Tyrwhitt schließlich verzweifelt: „Nicht um die Welt wird sie zugeben, daß sie durch Vermittlung von Mrs. Ashley oder des Intendanten irgendwelche Liebesintrige mit dem Lordadmiral gehabt hat. Und doch sehe ich es ihrem Gesicht an, daß sie schuldig ist.“ Darauf versucht es Somerset selbst mit einem Brief an die Verstockte.

Elisabeths Selbstverteidigung in ihrem Antwortschreiben an den Protektor ist ein Meisterstück an kluger Berechnung, Raffinement und Schlauheit, aber zugleich auch unverblümter Offenheit, die mehr als in Erstaunen setzt, wenn man bedenkt, daß es ein fünfzehnjähriges Mädchen ist, das hier seine Ehre, seine Stellung und seine Zukunft verteidigt. Doch die Angelegenheiten kommen in keiner Weise vorwärts. Es ist gut, ein paar Stellen aus diesem Brief einer werdenden

Königin, eines sich plötzlich im Handumdrehen zur Frau entwickelten Kindes zu zitieren. Elisabeth schreibt am 28. Januar 1549 aus Hatfield:

„Da Eure Herrlichkeit mich bitten und als auf richtiger Freund mir empfehlen, alles zu erklären, was ich über diese Angelegenheit weiß, und alles schriftlich niederzulegen, was ich bereits Sir Tyrwhitt gesagt habe, so bin ich dazu gern bereit. Zuerst möchte ich daher erwähnen, daß der Intendant (Parry) mir, nachdem er mir die Antwort des Groß-Admirals hinsichtlich Allen- und Durhamhouse übermittelt hatte, außerdem sagte, Lord Seymour biete mir sein eigenes Haus während der Zeit an, die ich in der Nähe des Königs verbringen würde. Ferner fragte mich Parry, ob ich, wenn der Rat seine Zustimmung zur Heirat mit Seymour gäbe, damit einverstanden sei oder nicht. Ich antwortete, daß ich darüber nicht zu bestimmen habe und fragte ihn, warum er diese Frage an mich stelle. Ob er dazu beauftragt sei? Er erwiderte, niemand habe ihn damit beauftragt, nur glaube er, es aus den Fragen des Großadmirals herausgehört zu haben. Thomas Seymour habe sich erkundigt, ob meine Patentbriefe versiegelt seien oder nicht. Er habe sich ihm gegenüber auch über seine eigene Vermögenslage ausgesprochen und sich nach der meinigen erkundigt. Aus dem allen habe Parry vermutet, daß Seymour sich besonders mit diesem Gedanken beschäftige. Was Kate Ashley betrifft, so hat sie mich *niemals* in dieser Sache beraten. Nur sagte sie immer, wenn das Gespräch auf meine Verheiratung kam, sie möchte mich niemals, ob in England oder im Ausland, ohne die Zustimmung S. M. des Königs, ohne Eurer Gnaden und des Hohen Rates Einverständnis verheiratet sehen. Nach dem Tode der Königin (Seymours Gattin), sagte sie mir nur scherzend, als ich sie fragte, was in London vorgehe: ›Man sagt, Eure Gnaden heiraten Milord, den Admiral, und er wird bald selbst kommen und Ihnen seine Huldigung darbringen.‹ Ich habe auch Sir Tyrwhitt erzählt, daß der Intendant Parry mir hierher schrieb, der Großadmiral wolle auf seiner Reise aufs Land bei mir vorsprechen. Darauf befahl ich Kate Ashley, an Lord Thomas Seymour zu schreiben, wie sie es für gut halte und mir den fertigen Brief zu zeigen. Sie schrieb demnach, sie billige seine Absicht nicht, weil sie den Verdacht fürchte. Und der Brief wurde so abgeschickt. Als der Lordadmiral ihn gelesen, fragte er den Intendanten Parry, warum er mich denn nicht besuchen dürfe, wie er es bei meiner Schwester auch täte? Darauf ließ ich Kate schreiben (aus Angst, Mylord könne annehmen, sie wisse darüber mehr als er), daß sie ihm darüber keine Auskunft geben könne, daß sie jedoch Bedenken habe. Ich erklärte daher auch Sir Tyrwhitt, daß ich niemals zu ›so etwas‹ (Elisabeth vermeidet absichtlich das Wort ›Heirat‹ und ›Um die Handanhalten‹) meine Zustimmung gegeben habe, sofern man nicht die Einwilligung des Rates hatte. Kate Ashley und der Intendant haben mir auch niemals gesagt, daß sie dazu beitragen wollen.

Das ist alles, was ich Tyrwhitt auseinandergesetzt habe und was ich mit meinem guten Gewissen verantworten kann, das ich um nichts in der Welt mit irgendetwas belasten möchte. Denn ich weiß, daß auch ich, wie jeder andere, mein Seelenheil zu retten habe. Und daran liegt mir am allermeisten. Sollte mir noch etwas einfallen, so werde ich selbst schreiben oder durch Sir Tyrwhitt schreiben lassen.“

Und schließlich kommt das fünfzehnjährige Mädchen ganz natürlich und offen auf das Heikelste zu sprechen. „Tyrwhitt und andere sagten mir, es gingen Gerüchte um, die meine Ehre und Tugend stark gefährdeten. Aber gerade an diesen Dingen liegt mir mehr als an allem. Man behauptet nämlich, ich befände mich im Tower vom Großadmiral schwanger. Mylord, das sind gemeine Verleumdungen und ein Grund mehr für mich, – abgesehen davon, daß ich sehnlichst wünsche, den König zu sehen – Eure Herrlichkeit in heißem Flehen zu bitten, daß man mir gestatte, sobald Sie darüber entschieden haben, wieder am Hofe zu erscheinen, damit ich mich allen so zeigen kann, wie ich bin.

Ihre beständige Freundin, nach meinen schwachen Kräften

In Eile. – Hatfield, 28. Januar (1549).

Elisabeth.“

Es ist ein halbes Geständnis und doch keines, bei dem man sie und ihre Mitwisser fassen kann. Das Zugeständnis zur Ehe mit Seymour wird weder von Elisabeth noch von Parry und Kate Ashley zugegeben, wenn auch der Intendant und die Gouvernante schließlich unter der Wucht des Verhörs manches gestehen und verraten was sie wissen. Sie geben zu, daß die Prinzessin mit Seymour eine Liebelei gehabt hat. Aber das Wesentliche, was man wissen will und was man als Hochverrat bezeichnet, nämlich die umstürzlerischen Absichten Seymours bei diesem Heiratsplan, erfährt niemand, Endlich muß sich der Inquisitor Tyrwhitt als geschlagen erklären. An den Protektor schreibt er, seine Bemühungen aufgebend: „Es ist unmöglich, von ihr das Geständnis zu erzwingen, daß Mrs. Ashley oder Parry ihr geholfen haben, mit dem Großadmiral, sei es brieflich oder durch mündliche Aufträge, Beziehungen zu unterhalten. Sie pfeifen alle das gleiche Lied. Und ich glaube, das könnte nicht sein, wenn sie sich nicht vorher ganz genau miteinander verständigt hätten. Denn sonst müßten sie einmal etwas zugeben oder gestehen oder wenigstens nicht so wundervoll miteinander übereinstimmen.“

Die wochenlang andauernden Verhandlungen und Untersuchungen zerschellen an dem Willen eines fünfzehnjährigen Mädchens, das genau weiß, was folgt, wenn es auch nur einen Augenblick seine Geistesgegenwart verliert. Daß indes mehr vorgefallen ist, als alle drei zugeben, bleibt ohne Zweifel. Kate Ashley besonders muß noch im Besitz mancher wichtigen Geheimnisse gewesen sein, denn Elisabeth fährt auch nach den Geständnissen ihrer Gesellschafterin, die sie doch immerhin bloßstellen, fort, sie zu lieben und zu begünstigen. Und später, nach ihrer Thronbesteigung, überhäuft Elisabeth sie mit Ehren und Auszeichnungen und befördert ihren Gatten zu einem hohen Posten. Jetzt, da ihren beiden treuen Dienern des Henkers Beil in gefährlicher Nähe droht, tut sie alles, um sie vor einem furchtbaren Schicksal zu bewahren. Sie fleht den Protektor um Gnade für die beiden an, die „ihr ganzes Leben nur dem Guten ihrer Erziehung gewidmet haben“. Niemals haben sie sich auch nur das Geringste zu schulden kommen lassen, was ihre ehrenhafte Stellung erschüttern könne, niemals seien sie ihren Erziehungsgrundsätzen untreu gewesen. Und so erreicht Elisabeth wenigstens, daß sie leben. Aber aus ihrer Umgebung werden sie entfernt.

Vermochte Elisabeth auch etwas für Lord Seymour zu tun? Hätte sie auch sein Leben retten können? Hier liegen die Dinge weit schwieriger. Die Gefahr für sie selbst ist ungeheuer. Die geringste Verteidigung, das kleinste Wort zu Seymours Gunsten, das mindeste Maß unvorsichtiger Fürsprache wäre als ein Geständnis Elisabeths, als Einvernehmen mit Seymours Heiratsplänen und seinen Absichten zur gewaltsamen Beseitigung des Protektors, also des Hochverrats, angesehen worden. Elisabeth muß äußerlich kalt, scheinbar gefühllos bleiben, während ihr erstes Liebeserlebnis ein so ungeheuerliches Ende nimmt. Soll man glauben, daß sie wirklich darüber in ihrem Innern kalt blieb? Keinen Augenblick ist sie im Zweifel, was Lord Seymour bevorsteht, der sich erkühnte, nach den Sternen zu greifen und sie gleichzeitig einzuweihen in die Mysterien des stärksten aller Gefühle und aller Triebe. Wenn er auch dabei selbst nicht von den edelsten Absichten beseelt war, so kann man doch von einer Fünfzehnjährigen annehmen, daß dieses erste Erlebnis ein tieferes gewesen und nicht ohne innere Erschütterungen an ihr vorübergegangen ist. Aber keinen Menschen läßt dieses junge Mädchen in sein Herz sehen. Sie weint bitterlich, und herzzerreißend ist ihr Schmerz, als man ihr Kate Ashley entreißt. Sie tobt in maßlosem Zorn und unbändiger Auflehnung, als man ihr die neue Gouvernante und Ehrendame Lady Tyrwhitt, die Gattin des „Inquisitors“ aufzwingt. Um Seymour indes läßt sie keine Tränen sehen, obwohl sie ihn ihren Intimen gegenüber verteidigt und nie etwas duldet, was gegen ihn spricht. Als die Vertrauten des Protektors ihr endlich mit heimlicher Schadenfreude mitteilen, daß Thomas Seymour, ohne Verteidigung und zur Ehrlosigkeit verurteilt, hingerichtet worden sei, da sagt Elisabeth nur mit undurchdringlicher Kälte: „Es ist ein Mann dahingegangen, der sehr viel Geist aber wenig Vernunft besaß.“ Man hat wieder vergebens gehofft, sich an der Verzweiflung der jungen Prinzessin weiden zu können. Ihre Lippen zittern nicht, ihre Stimme ist ruhig, ihre Augen füllen sich nicht mit

Tränen. Man merkt ihr keinerlei innere Erschütterung an. Undurchdringlich verschließt dieses Kind sein Herz der Außenwelt.

Seymour hat ihr und auch Maria noch kurz vor seinem Tode mit der metallenen Spitze seines Hosensenkels Briefe geschrieben und ihnen den Rat gegeben, sie möchten sich gegen den König, ihren Bruder, verschwören, der ihn so schnöde im Stich gelassen habe. Diese Briefe wurden entdeckt. Elisabeth tat, als ginge sie das nichts an. Sie blieb kalt und unnahbar. Nichts brachte sie aus der Fassung.

Ihre Zeitgenossen behaupten, dieses entsetzliche Erlebnis ihrer ersten Liebe habe in ihr den Grundsatz befestigt, nie zu heiraten. Gesagt hat Elisabeth das nie mit diesen Worten, wie überhaupt in ihrem späteren Leben dieses Ereignisses nur einmal gedacht wird. Als Elisabeth schon einige Zeit Königin war, überreichte ihr Sir John Harrington, einst des Lordadmirals bester Freund, derselbe, der Elisabeth den letzten Brief aus dem Kerker Seymours überbringen sollte, ein Porträt Seymours mit einem Sonett auf die männliche Schönheit und die hohen Geistesgaben des Verstorbenen. Elisabeth nahm das Geschenk wohl an, aber es kam kein Wort über ihre Lippen, das die Vergangenheit berührte. Der Fall Seymour mußte für Englands Königin aus dem Gedächtnis ausgelöscht sein.

Fünftes Kapitel. Die Wandlung

So kalt Elisabeth bei dem soeben Erlebten äußerlich geblieben ist, in ihrem Innern tobt doch der Sturm des wilden Schmerzes. Niemand ahnt, was sich in ihrer Seele abspielt. Wenige in ihrer Umgebung versuchen tiefer ihre Wesensart zu ergründen. Die meisten halten sie gerade in dieser Zeit für äußerst oberflächlich. Ihr Umschwenken ins Extreme, ins Prüde, Keusche und Fromme wird als Heuchelei und raffinierte Verstellung betrachtet. Ihr sehr Nahestehende können beobachten, wie ihr wahres Temperament immer wieder hervorbricht, das sie nie ganz zu bändigen vermag. Ihr Leichtsinn, ihr Hunger nach Vergnügungen, nach

Abwechslung habe sich bisweilen Luft gemacht in Ausbrüchen leidenschaftlicher Ausgelassenheit oder tobenden Zorns darüber, daß sie sich nicht beherrschen konnte. Dann habe sie in einem Atem gelacht und geweint, geschmeichelt und verflucht. Stundenlang aber konnte sie auch wieder vor ihren Büchern sitzen, als sei die Außenwelt für sie gestorben. Sie lernte, als gälte es, in allernächster Zeit das schwierigste Examen zu bestehen. Ihre Lehrer sind voll Bewunderung. Besonders Roger Ascham sieht in „seiner herrlichen Lady Elisabeth" ein fast himmlisches Wesen, das „mehr durch den Glanz seiner Tugenden und Kenntnisse, als durch die Glorie seiner königlichen Abkunft strahlt". Elisabeth besitzt seiner Meinung nach so treffliche Gaben, daß ihr nur das allergrößte Lob gebühre.

Tatsache ist, daß sie sich nach dem Erlebten lange Zeit von allen weltlichen Vergnügungen fernhält. Sie arbeitet wirklich an ihrem inneren Menschen, verzichtet auf alle Äußerlichkeiten in der Kleidung und in ihrer Lebensweise. Sie trägt ein sehr sittsames Wesen zur Schau, gleichsam als wolle sie alle Gerüchte, die man über sie verbreitet hat, Lügen strafen. Sie ist fast immer ernst. Das fröhliche, oft kecke Lachen der Prinzessin, das die Dienerschaft so oft gehört hatte, wenn Seymour seine „väterlichen" Späße mit ihr trieb, oder wenn Kate Ashley eine lustige Geschichte erzählte, ist verstummt. In Lady Tyrwhitts Gegenwart will Elisabeth nicht lachen. Aber sie bemüht sich sichtlich, die neue Erzieherin durch ihr Benehmen zufriedenzustellen. Sie begeht nie einen Taktfehler, läßt sich nie gehen, ist bescheiden und zurückhaltend in ihren Worten und Gebärden. Ihre jungfräuliche Bescheidenheit fällt sogar an dem strengdenkenden Hofe ihres Bruders aus dem Rahmen, so auffallend ist sie. Elisabeth lehnt alles ab, was ihre Person in den Vordergrund stellen kann. Sie kleidet sich ganz einfach, beinahe klösterlich. Aller Tand, aller Schmuck ist ihr plötzlich zuwider. Es ist, als kasteie sie sich um der Sünden willen, die sie, so jung, begangen. Ihre Frömmigkeit erregt geradezu Aufsehen. Jane Greys Lehrer Aylmer stellt Elisabeth seiner Schülerin und allen Damen des Hofes, ja ganz Englands, als nachahmenswertes Beispiel hin. An den Schweizer Reformator Heinrich

Bullinger schreibt er in höchster Begeisterung über die Frömmigkeit und Einfachheit der Prinzessin. Trotzdem wollte sie die Damen ihrer Umgebung nicht zwingen, ebenso einfach zu erscheinen. Die anderen können sich mit Gold und Edelsteinen behängen, so viel sie wollen. Der Prunk an anderen stört Elisabeth nicht. Sie zwingt sie auch nicht, mit ihr zu beten und zu arbeiten. Jeder darf um sie herum so leben, wie er es gewöhnt ist.

Meist lebt Elisabeth jetzt in Hatfield und Ashridge, fast immer mit ihren Büchern beschäftigt. Der Hof in London nimmt kaum Notiz von ihr. Plötzlich erkrankt die Prinzessin. Man kann nicht feststellen, was ihr eigentlich fehlt. Sie fühlt sich schwach und elend. Sie leidet innerlich unter der indirekten Ungnade ihres Bruders, des Königs. Man hält sie von ihm fern, seit die Intrige Seymour ihr das Mißtrauen des Protektors und der Räte zugezogen hat. Elisabeths Seele ist krank, ihr Stolz beleidigt. So sehr lastet alles, was sie durchgemacht hat und noch durchmacht, auf ihr, daß sich ihr junges Gemüt verdüstert. Niemand vermag sie aus ihrer Traurigkeit zu reißen. Auch die Bücher setzen sie nicht mehr über ihre Stimmung hinweg. Vielleicht hat Lady Tyrwhitt den guten Einfall gehabt, durch ihren Mann den König von dem wahren Zustand seiner geliebten Schwester zu unterrichten. Als er erfährt, wie krank Elisabeth ist, schickt er ihr sofort seinen Leibarzt zur Pflege. Er gibt ihr auch Kate und Parry wieder. Und das trägt wohl am meisten dazu bei, daß sie wieder gesundet. Ist es nicht der beste Beweis, daß Eduard ihr verziehen hat? Elisabeth erholt sich zusehends. Ihre Jugend tut das Übrige zur völligen Genesung. Nach einem Jahr ist sie wieder ganz hergestellt. Aber sie ist eine andere geworden. Die furchtbare Gefahr, in der sie und ihre Vertrauten geschwebt haben, die zweideutige Lage, in die sie die Geschichte mit Seymour gebracht hat, dienen Elisabeth zur Warnung.

Ihre Studien sind durch die Krankheit eine Zeitlang unterbrochen worden. Sie nimmt sie jetzt umso eifriger wieder auf. Sie muß vieles nachholen. Auch mit Lady Tyrwhitts Anwesenheit ist sie ausgesöhnt, seit Kate wieder da ist. Es zieht Ruhe in Elisabeths Herz ein, seit sie weiß, daß Lady Ashley und Parry nichts mehr zu befürchten haben. Der König ist ihr wie früher geneigt. Er nennt Elisabeth nur noch „seine süße Schwester Bescheidenheit“. Das Vorgefallene erwähnt er nie. Sein Vertrauen und seine Bewunderung hat sie eigentlich nie verloren. Er hat immer an ihre Unschuld geglaubt. Ihre Talente und Fortschritte erregen die Aufmerksamkeit vieler gelehrter Männer an seinem Hof. Man sagt ihm viel Lobenswertes über seine Schwester. Sie treibt eifrig Griechisch und Lateinisch. Vor allem zeigt sie das größte Interesse für Religion und die Wissenschaften. Sie ist in jeder Beziehung eine korrekte Protestantin, wodurch sie noch mehr des jungen Königs Achtung und Zuneigung gewinnt. Elisabeths Zärtlichkeit für Eduard zeigt sich in jeder Weise durch viele kleine Aufmerksamkeiten, die sie ihm erweist, und durch ihre außerordentlich bescheidene Ergebenheit. Nie vergißt sie, daß er der König ist. Sie ist klüger als ihre Schwester Maria, die den kleinen königlichen Bruder oft ihre geistige Überlegenheit fühlen läßt, wenn die vielleicht auch nur in ihren 31 Jahren besteht. Jede Gunst von Eduards Seite betrachtet Elisabeth als besondere Gnade. Sie versteht mit dem sanften Jüngling umzugehen. Sie kennt ihn von ihrer Kindheit an. Sie weiß, was er gern hat, worüber er sich freut, nie verletzt sie ihn durch ein Wort, eine Geste. Er steht ihr geistig am nächsten. Er hat die gleiche Bildung wie sie. Wenn er ihr eine Unterhaltung gewährt, ist sie selig. Sie bewundert seine Kenntnisse, den reichen Schatz seines Wissens, der allerdings bei einem so jungen Mann erstaunlich ist. Ganz fassungslos vor Dankbarkeit und Glück aber ist Elisabeth, als er eines Tages von ihr ein Bild verlangt. So viel Auszeichnung von seiner Seite hat sie nicht verdient! Der Brief, den die damals Sechzehnjährige als Antwort auf die königliche Bitte schreibt, ist indes nicht nur der Ausdruck wirklicher Freude, sondern man merkt deutlich daraus, wie Elisabeth auf das Herz des Bruders zielt, der als König mächtig genug ist, sie ganz zu sich hinaufzuziehen oder sie fallen zu lassen.

„Gleich dem reichen Mann“, beginnt Elisabeth ihr Schreiben, „der täglich Reichtum zu Reichtum häuft und zu einem Geldsack einen andern legt, bis alles Maß überschritten ist, so kommen mir Eure Majestät vor. Nicht zufrieden mit all den Wohltaten und Beweisen von Güte, die Sie mir bisher erwiesen haben, wollen Sie sie nun noch dadurch mehren, daß Sie mich um etwas bitten und etwas von mir wünschen, wo Sie doch fordern und befehlen könnten. Übrigens wäre die Sache an sich nicht des Forderns wert, denn sie bekommt nur Wert, weil Eure Hoheit sie fordern.

Elisabeth von England, Jugendbildnis; Zeitgenössischer Stich

Ich meine mein Bild. Könnte ich dadurch meine Ergebenheit für Sie so gut ausdrücken, daß ich im Bilde vor Ihnen stehe, so wäre ich Ihnen längst zuvorgekommen und hätte es Ihnen nicht erst gegeben als Sie es wünschten, sondern hätte es Ihnen angeboten. Wohl müßte ich über dieses Geschenk erröten, meine Gesinnung aber – ihrer werde ich mich bei dieser Gabe nie zu schämen brauchen. Die schönen Farben dieses Gemäldes können mit der Zeit verblassen, der Witterung unterliegen, durch Zufall unscheinbar werden, meine Gesinnung hingegen wird keine Zeit mit ihren flüchtigen Schwingen überflügeln. Kein dunkles Gewölk wird sie verdüstern, noch wird der Zufall sie mit leichtem Fuß vernichten. Zwar ist der Beweis dafür klein und die Gelegenheit dazu unbedeutend, aber es wird doch wohl noch einen Tag geben, an dem ich vielleicht durch Taten beweisen kann, was ich jetzt nur in Worten ausdrücke. Übrigens bitte ich Eure Majestät demütig, wenn Sie mein Bild betrachten, nie zu vergessen daran zu denken, wie meine Seele wünscht, daß ich nicht nur im Bilde, gleichsam schattenhaft, sondern auch persönlich öfter bei Ihnen wäre. Doch glaube ich, daß unter den gegenwärtigen Verhältnissen Eure Majestät nur geringe, ich aber um so größere Freude daran haben würden. Ich sehe jedoch ein, daß es jetzt nicht an der Zeit ist, diesem Wunsch zu willfahren, und deshalb will ich dem Ausspruch des Horaz folgen: Feras, non culpes, quod vitari non potest.

Dieser letzte Satz zeigt eigentlich schon die ganze Elisabeth. Was nicht zu ändern ist, trage es, tadle nicht. Trotzdem sie eine leicht erregbare Natur ist, ein zu Widerspruch, Zorn und Leidenschaft geneigter Charakter, zwingt sie schon in der Jugend ihr Temperament zu stoischer Ruhe, wie sie es später so oft als Königin tun muß und tut. Das Leben hat bereits an ihr gerüttelt, aber nur die Reife und der Ernst ihres Wesen deuten darauf hin, daß sie Furchtbares durchgemacht hat. „Gleichwie der Schiffer auf stürmischer See die Segel einzieht und auf besseren Wind wartet, so ziehe auch ich, mein edelster König, mein Hauptsegel der Freude und des Trostes ein und hoffe auf einen Tag, an dem mich ein günstiger Wind ebenso in den Hafen leiten wird, wie mich ungestüme

Wellen zurückgetrieben haben", schreibt sie in dieser Zeit einmal an den Bruder. Er hat sie noch immer nicht endgültig an den Hof gerufen.

Sie muß nicht mehr allzu lange warten. Nachdem sie ihre Krankheit überstanden und etwas über ein Jahr völlig zurückgezogen in Hatfield gelebt hat, nimmt sie Eduard VI. wieder zu sich. Er umgibt sie mit der größten Achtung und Auszeichnung. Als Elisabeth durch Londons Straßen nach St.-James-Palace reitet, da befindet sich des Königs Schwester in großer, glänzender Gesellschaft. Viele Ritter, Lords und Edle reiten in ihrem Zuge, mehr als hundert reichgeschmückte junge Edelfrauen, alle zu Pferd, begleiten sie. Der Weg vom Parktor bis zum Palast ist mit feinem weißem Sand bestreut. Eine tausendköpfige Menge jubelt ihr zu, und an den Stufen des Schlosses empfangen sie Ritter und Edle mit großer Zeremonie. Die ersten Tage ihrer Anwesenheit am Hofe werden ausgefüllt mit prächtigen Turnieren und glänzenden Festlichkeiten.

Elisabeth ist vollständig rehabilitiert. Sie erhält eine eigene Hofhaltung, mit Parry von neuem als Intendanten. Ihrer Stellung entsprechend, versieht der König sie reichlich mit einer Rente von 5890 Pfund Sterling, abgesehen von kostbaren Geschenken. Sie hätte sich alle Genüsse ihrer Zeit leisten können. Aber so beherrscht ist sie bereits mit sechzehn Jahren, – oder ist es schon der Geiz, der bekanntlich später manche Handlung in ihrem Leben leitet? – daß sie einen Teil ihres Einkommens zurücklegt. Eduard hat ihr auch Hatfield geschenkt, in dem sie beide einst gemeinsam frohe Kindertage erlebt haben.

Elisabeth lebt sowohl in Hatfield als in Ashridge ziemlich bescheiden. Der König beschenkt sie zwar mit kostbaren Kleidern und Juwelen. Aus der Erbschaft ihres Vaters besitzt sie gleichfalls herrliche Sachen und Edelsteine. Sie trägt sie nicht. Weder Gold noch anderes Geschmeide noch kostbare Edelsteine schmücken ihre Gestalt. Sie verachtet in dieser Zeit allen weltlichen Prunk. Sie lebt nur ihren puritanischen Vorschriften, so daß sie bald bei den Reformierten als Vorbild der Einfachheit gilt. Jedem empfiehlt man Mylady Elisabeth zur Nacheiferung, besonders jenen „Töchtern der Edelleute und deren Frauen, die in beschämender

Weise gleich Pfauen geputzt und geschmückt sind", heißt es in dem damals von dem Geistlichen Aylmer veröffentlichten „Hafen für getreue Untertanen". Elisabeths tugendhaftes Beispiel soll auf ihre koketten Zeitgenossinnen mehr gewirkt haben als alle frommen Vorschriften des Petrus und Paulus. Obwohl sie keiner irgendwelche Vorschriften gibt, sind die Damen ihres Hofes alle so einfach gekleidet wie sie. Als eines Tages die reizende Jane Grey von Elisabeths Schwester Maria einen herrlichen Schmuck, ein prachtvolles Kleid aus Gold und Samt mit goldenen Tressen zu Geschenk erhält, fragt Jane Grey betroffen:

„Was soll ich damit?"

„Es tragen", raten ihr die Hofdamen.

„Nein", sagt sie, „es wäre ja eine Schande, Mylady Maria gegen Gottes Gebot zu folgen und Mylady Elisabeth zu verleugnen, die Gottes Geboten folgt."

Elisabeths zur Schau getragener Puritanismus ist nicht ganz ohne Berechnung. Sie, die sich später an Prunkkleidern, Ketten, Ringen und Spangen, Edelsteinen und kostbaren Stoffen nicht genug tun kann, verfolgt bereits mit eisernem Willen ein Ziel. Ihre Schwester ist verschwenderisch. Maria liebt alles Glanzvolle, Prunkhafte. Sie hat es zur Verschönerung ihrer verblühten Jugend nötig. Außerdem ist sie als halbe Spanierin prachtliebend und sehr für äußerliche Aufmachung. Ein Grund mehr für Elisabeth, die Jüngere, die Protestantische, die Vollblutengländerin, daß sie das Gegenteil von dem tut, was die katholische Schwester liebt und zur Schau trägt. Beide sind als thronberechtigt anerkannt, eigentlich aber schließt das eine Recht das der anderen aus, wenn es zu einem Thronwechsel kommt. So jung Elisabeth ist, sie rechnet bereits mit der immer mehr anwachsenden reformierten Partei, die einmal alles von ihr zu hoffen und zu erwarten hat. Vor allem aber liegt ihr daran, des jungen Königs Zufriedenheit in jeder Beziehung zu erwerben. Sie rechnet mit seinem Hof, dem sie sowohl mit dem Beispiel der Frömmigkeit als auch mit Gelehrsamkeit vorangehen will.

Eduard selbst ist mit dreizehn Jahren bereits ein Wunder an Wissen und vorbildlich religiösem Empfinden. Seine Frömmigkeit aber ist echt. Er ist ein aufrichtig überzeugter Protestant, zum Unterschied von Elisabeth, die aus Klugheit und Vorsicht später oft in religiösen Dingen sich schwankend zeigt. „Seien Sie Ihr Lebenlang glücklich", sagt einmal Erzbischof Cranmer zu des Königs Gouverneur, „daß Sie einen solchen Schüler besitzen. Denn er hat mehr Theologie in seinem kleinen Finger als wir alle zusammen in unserm ganzen Körper." Eduard besaß viele Talente. Er sprach fließend italienisch und französisch, schrieb und sprach lateinisch, verstand griechisch schon so weit, daß er die Philosophen lesen und übersetzen konnte. Literatur, Künste und Wissenschaften interessierten ihn aufs höchste. Er saß viele Stunden des Tages in seinem Studierzimmer, um seine Kenntnisse immer mehr zu erweitern. Die Jugend seines Hofes wurde von seinen ernsten Neigungen und Studien angesteckt. Sie sah in ihrem jungen Herrscher den Meister. Dennoch werden auch die ritterlichen Spiele der Zeit nicht vernachlässigt. Jagd und Turniere nehmen oft Tage und Wochen in Anspruch, in denen ganz England auf den Beinen ist. Doch die Frivolität von einst, die Rohheit der Sitten Heinrichs VIII., die Prunkgelage, die tolle Ausgelassenheit sind verschwunden. Die Frauen am Hofe Eduards befleißigen sich eines züchtigen Lebenswandels. Der Jüngling-König ist noch nicht in dem Alter, daß er sich für Frauen interessiert. Infolgedessen spielen Liebesintrigen um ihn keine Rolle. Eduards Hof steht im Zeichen geistiger und religiöser Vervollkommnung. Manche Frau in seiner Umgebung ist trotz ihrer Jugend und Schönheit gelehrter als alle Männer zusammen. Auch Elisabeth ist von Frauen umgeben, deren Wissen und Kenntnisse, deren Geist und Intelligenz hoch über dem Durchschnitt stehen. Die Damen ihrer nächsten Umgebung, wie Kate Ashley, Lady Tyrwhitt, Mildrad, die Tochter Anthony Cooks und spätere Gattin Elisabeths Ministers Cecil sind neben der noch ganz jungen Jane Grey die gebildetsten Frauen ihrer Zeit. Die erste Erzieherin des jungen Königs war die Mutter des späteren großen Wissenschaftlers Sir Francis Bacon. Noch viele andere, wie die Herzogin von Suffolk, Lady Clarke, die schönen Töchter des Herzogs von Somerset und Lady Pembroke sind Zierden des

Hofes. Auch Maria Tudor ist keine dumme Frau, vielleicht nicht so reich begabt, nicht so verschwenderisch mit Talenten ausgestattet wie Elisabeth, ihre jüngere Schwester. Doch sie besitzt Scharfsinn und Energie. Sie hat durch Katharina von Aragon die besten Lehrer bekommen. Auch ihre Erziehung ist die einer hochgeborenen Frau der Zeit gewesen.

Der Ernst und die Einfachheit an Eduards Hofe werden dennoch hier und da von prachtstrotzenden Festen und Empfängen unterbrochen, wenn es gilt, fremde Herrscher und Gesandte zu empfangen. Als im Oktober 1551 die verwitwete Königin von Schottland, Maria von Lothringen, die Mutter Maria Stuarts, aus Frankreich nach Edinburg reist und ihren Weg über London nimmt, bereitet ihr Eduard VI. einen glänzenden Empfang. Die schottische Königin ist von einem sehr eleganten Hofstaat französischer Damen begleitet. Alle sind nach der neuesten Mode frisiert und gekleidet. Die englischen Edelfrauen und Fräulein wollen ihnen nicht nachstehen und erscheinen ebenfalls gelockt und frisiert, mit Diamanten und reichen Kleidern angetan, ganz französisch. Nur Elisabeth ändert nichts an ihrer Kleidung. Sie erscheint, wie immer, jungfräulich züchtig und einfach. Ihre schlanke Mädchengestalt, ihr rotgoldenes Haar, ihr regelmäßiges, wenn auch nicht schönes, so doch sehr ausdrucksvolles Gesicht mit den wundervollen klugen Augen, vor allem aber ihr äußerst majestätischer Gang, fallen schon damals auf. Die elfenbeingetönte Haut erhöht den Reiz ihrer zarten Glieder. Ihre liebenswürdige Bescheidenheit gewinnt ihr aller Herzen. Sie kennt schon sehr gut die kleinen Künste, die sie später mit so großer Virtuosität anwendet, um die Gunst des Volkes zu gewinnen. Vorläufig liegt ihr hauptsächlich daran, daß man in ihr eine tugendhafte Jungfrau und eine überzeugte Protestantin sieht.

Sechstes Kapitel. Der Tod des jungen Königs

Wieder werfen furchtbare Ereignisse ihre Schatten auf Elisabeths Leben voraus. Zunächst muß Somerset, der Protektor Eduards und Mörder ihres ersten Verehrers nun doch einem Stärkeren weichen. Der Haß der Großen des Reichs gegen ihn wird immer heftiger, seine Lage äußerst gefährlich durch die ungeheure Geldnot, die der Krieg mit Frankreich und Schottland herbeigeführt hat. Der Aufstand der katholischen Landbevölkerung erschüttert seine Stellung, obwohl es ihm gelingt, ihn zu unterdrücken. Er kann seine Erfolge nicht ausnützen. Sein Sturz ist unvermeidlich. John Dudley, Graf von Warwick, späterer Herzog von Northumberland, bringt ihn zu Fall. Wie Somerset einst in Gemeinschaft mit dem Oberkammerherrn Warwick den Lordadmiral Seymour kaltblütig aus dem Wege geräumt hat, weil er ihnen unbequem war, so wird der Protektor jetzt von seinem Rivalen, demselben Warwick, der längst nach der höchsten Stelle im Staate trachtet, vernichtet. Somersets Rolle ist ausgespielt. Sein Einfluß auf den jungen König hat keine Wirkung mehr. John Dudley hat sich in die Gunst Eduards eingeschlichen. Ende 1549 wird Somerset verhaftet, seines Amtes enthoben und in den Tower gebracht. Später zwar öffnen sich noch einmal die Pforten des Staatsrats für ihn. Doch er hat keine entscheidende Stimme mehr. Warwick ist der Gebieter. Da Somerset versucht, sich wieder an die Spitze zu setzen und den anderen zu stürzen, wird er 1551 aufs neue verhaftet. Schließlich ereilt den einstigen Protektor, der lange Zeit der mächtigste Mann in England war, sein Geschick, am 22. Januar 1552. Sein Haupt, fällt drei Jahre nach dem Tode seines Bruders Seymour. Der königliche Jüngling hat – nach dem Willen seiner Berater – seinen ergebensten Staatsdiener genau so kaltblütig geopfert, wie ehemals den Mann, der dem Herzen seiner Schwester Elisabeth nahestand, und von dem er manchen Dienst, manche Gefälligkeit entgegengenommen hatte.

8. John Dudley, Herzog von Northumberland
Zeitgenössischer Stich

Für Elisabeth ist Somersets Schicksal vielleicht eher eine Genugtuung, denn sie sieht darin ein Gottesgericht, das den Bösen ereilt, der sie einst beinahe selbst dem Henker ausgeliefert hätte. Jedenfalls scheint sie sein Sturz und sein späterer Tod wenig berührt zu haben. Man behauptet sogar, Somerset habe, als er seine Sache für verloren betrachten mußte, sich in seiner Verzweiflung an sie gewandt, damit sie sich beim König und seinen Räten für ihn einsetze. Sie aber habe sich hinter ihre gewöhnliche

Taktik verschanzt und geantwortet, sie sei noch zu jung und ohne jeglichen Einfluß auf die Regierungsgeschäfte ihres Bruders. Dokumentarisch verbürgt ist ihr Verhalten in dieser Angelegenheit nicht. Aber nach allem, was wir bis jetzt von Elisabeths geschicktem Ausweichen in sie kompromittierenden oder für sie unbequemen Dingen kennen, ist es wohl möglich, daß sie Somerset eine solche Antwort gegeben hat. An der Handlungsweise ihres königlichen Bruders irgendetwas auszusetzen oder Unkorrektes zu finden, stand ihr nicht zu und wäre ihr auch gar nicht eingefallen. Er war der König. Was er tat, dafür waren nur er, seine Räte und seine Politik verantwortlich. Sie kümmerte sich nicht darum. Schwerlich hätte sie auch etwas für Somerset bei dem jungen Herrscher erreicht. Er stand selbst in der Gewalt anderer und hatte keinen eigenen Willen.

Nach dem Sturz des Protektors führen dem Namen nach sechs Regentschaftsmitglieder das Staatsruder. Eigentlich ist aber Warwick der alleinige Herrscher. Unter ihm ist die Regierung Eduards VI. eine Gewaltherrschaft des Landadels, doch der Protestantismus gewinnt mehr und mehr an Kraft. Warwick wendet sich nicht nur gegen den Katholizismus, sondern geht mit aller Strenge gegen die vielen Dissidentensekten vor. Es brennen von neuem die Scheiterhaufen für die Ketzer, die Cranmer, Erzbischof von Canterbury in den Tod schickt.

Obwohl Warwick vor allem daraufhin arbeitet, die völlige Durchführung der Reformation in England zu sichern und dadurch auch Elisabeths Interessen zu fördern scheint, erwächst ihr gerade durch ihn die größte Gefahr, ohne daß sie sie freilich vorläufig auch nur ahnen kann.

Ihre Schwester Maria aber kommt durch die strengen gesetzlichen Verbote der Regierung gegen die katholische Religion gleich zu Anfang der neuen Regentschaft in arge Bedrängnis. Der Regentschaftsrat versucht um jeden Preis das Papsttum zu stürzen. Der hohen katholischen Geistlichkeit fordert man den Eid ab, sich der neuen vorgeschriebenen Liturgie zu fügen. Es darf weder eine Messe gelesen noch angehört werden. Die katholische Kurie weigert sich, teils aus Gewissensgründen, teils aus Widerstand überhaupt. Bonner, Bischof von London, und

Gardiner, Bischof von Winchester, zwei heftige Gegner des Protestantismus, werden ihrer Ämter enthoben und durch Reformierte ersetzt.

Auch Maria Tudor weigert sich. Sie kümmert sich nicht um die Vorschriften der Regierung. Sie will um alles in der Welt nicht den wichtigsten Teil ihres Religionsbekenntnisses aufgeben. Nach wie vor läßt sie in ihren Gemächern von ihrem Hofgeistlichen die Messe lesen. Zu ihrem persönlichen Schutz erbittet sie sogar die mächtige Protektion Kaiser Karls V., ihres Vetters, was ihn beinahe in einen Krieg mit England verwickelt hätte. Eine lange Untersuchung des widersetzlichen Verhaltens der katholischen Prinzessin hält das ganze Land in Aufregung. Sie führt schließlich zu einer milden Beurteilung der Schwester des Königs. Die Regierung will sich keine weitgehenden Ungelegenheiten dadurch bereiten, daß sie Maria bestraft. Karl V., der Bekämpfer der Protestanten in Deutschland, ist ein zu mächtiger Gegner. Man kann ihn nicht herausfordern. Die Gefahr der Feindseligkeiten des katholischen Spaniens ist indes damit nicht beseitigt. Man beschließt, König Eduard zu einem Bündnis mit Dänemark zu bewegen, was dem Protestantismus nur förderlich sein und England gegen den Katholizismus stärken kann. Christian III. ist ein sehr aufgeklärter Herrscher. Er hat sich durch die in seinem Reiche eingeführte Reformation die Achtung aller Protestanten erworben. Um ein solches Bündnis noch enger und fester zu gestalten, veranlaßt man Eduard außerdem, seine Schwester Elisabeth dem Kopenhagener Hofe zur Ehe mit dem dänischen Kronprinzen anzutragen.

Elisabeth denkt nicht daran, sich mit einem ausländischen Prinzen zu vermählen. Obwohl sie sich sonst so untertänig gegen ihren königlichen Bruder benimmt, geht sie in dieser Angelegenheit nicht im geringsten weder auf seine Wünsche noch auf seine Politik ein. Sie lehnt diese Heirat glattweg ab, und dadurch zerschlagen sich die Unterhandlungen. Auch diesmal liegt ihrer Weigerung ein nach Höherem strebender Ehrgeiz zugrunde. Sie weiß genau: wenn sie einmal durch eine Ehe England verlassen hat, kann sie schwerlich auf die Erbfolge des englischen Thrones Anspruch machen. Die englische Krone gegen eine andere, geringere, einzutauschen, durch eine Verbindung mit einem Mann, der ihr fremd ist, entspricht weder ihren Zukunftsträumen noch ihrem Charakter.

Inzwischen ist auch Eduard so weit, daß man für ihn ans Heiraten denken kann. Für ihn suchen seine Räte allerdings eine mächtigere Verbindung als für Elisabeth. Eduard bietet seine eigene Hand der Schwester des Königs von Frankreich an. Er ist ein zarter junger Mann, fast noch ein Kind, das bereits die Keime der Schwindsucht in sich trägt. Da er aber dem englischen Thron einen Erben hinterlassen soll, werden die Vorbereitungen zu dieser Heirat nichtsdestoweniger seit langem getroffen. Als der König sein 15. Jahr erreicht und Warwick Heinrich II. soeben (1550) Boulogne zurückgegeben hat – auch eine offene Oppositionshandlung gegen Somersets Politik – trifft eine glänzende französische Gesandtschaft in London ein, die unter anderem auch die Mitgift der französischen Prinzessin festsetzen soll. Man gibt den vornehmen Pariser Gästen am Hofe des zukünftigen Bräutigams die erlesensten Feste und Empfänge. Es ist offenbar, Eduards Räte haben es darauf abgesehen, den allerbesten Eindruck auf die Franzosen zu machen. Da verbreitet sich plötzlich eine entsetzliche Epidemie, eine todbringende Seuche, deren Charakter man nicht deutlich erkennt. Sie fordert vor allem unter der männlichen Jugend ihre Opfer. Binnen vierundzwanzig Stunden erliegen die Erkrankten dem furchtbaren Fieber. Da die geheimnisvolle Krankheit auch in der Umgebung des Königs ihre Opfer fordert, werden alle Festlichkeiten plötzlich abgebrochen. Die fremden Gäste reisen Hals über Kopf ab, und der junge Herrscher flieht vor der mörderischen Seuche aus London nach seinem Schloß Hampton Court. Er bleibt glücklicherweise verschont. Später ist von der Heirat mit der französischen Prinzessin nicht mehr die Rede.

Ein Jahr darauf, 1551, macht Warwick sich selbst zum Herzog von Northumberland. Heinrich VIII. hatte den Titel durch die Ächtung Thomas Percys vor fünfzehn Jahre gelöscht. Warwick läßt ihn wieder auferstehen. Der junge Eduard ist mehr als je in seinem Bann verstrickt. Seit einiger Zeit sind die verheerenden Spuren der Tuberkulose deutlich an ihm zu sehen. Er kann sich nicht mehr an Turnieren und Jagd, nur selten noch an Hoffesten, beteiligen. Sein abgemagerter Körper bedarf der größten Schonung. Unverkennbar geht der junge Herrscher mit Riesenschritten seinem Ende zu.

John Dudley, Herzog von Northumberland, sieht diesem Ereignis mit Schrecken entgegen. Unter Maria, der Katholischen, die Eduards Nachfolgerin wird, hat er nichts zu hoffen, im Gegenteil, alles zu fürchten. Er hat alles getan, sie sich zu seiner erbittertsten Feindin zu machen. Seine Härte gegen die Ausübung ihres Glaubens, so manche habsüchtige Handlung während seiner despotischen Regierung zum Nachteil der Familienmitglieder des Hofes würden gerächt werden, käme Maria zur Regierung. Der neugebackene Herzog von Northumberland hat also kein Interesse, ihre Thronbesteigung zu wünschen. Es gibt für ihn nur einen Ausweg: Marias Erbfolge anzufechten, mit anderen Worten, sie davon auszuschließen. Die englischen Staatsmänner haben ja von Heinrich VIII. selbst gelernt, wie man das macht. Zunächst beredet Northumberland seinen jungen Gebieter Eduard, um des Evangeliums willen, wie er vorgibt, alles zu tun, daß die Katholikin nicht seinen Thron erbe. Er soll Maria für illegitim erklären. Er sei es seinem Lande schuldig, das er so glorreich der Reformation zugeführt habe. Es dürfe keinesfalls wieder dem Katholizismus verfallen. Marias Illegitimität sei leicht zu beweisen, da die Bill, die Heinrich VIII. diesbezüglich erlassen, nicht zurückgezogen worden sei, wenn er auch in seinem Testament die Tochter für thronberechtigt anerkannt habe. Marias uneheliche Geburt konnte aber nur berechtigt erscheinen und bestätigt werden, wenn gleichzeitig auch Elisabeths Legitimität und Thronansprüche für nichtig erklärt werden. Für Northumberland war das kein Hindernis. Im Gegenteil! Er verfolgte schon lange den Plan, seine eigene Schwiegertochter, die wunderhübsche, außerordentlich gebildete und kluge Jane Grey zur Königin von England zu machen. Aber nicht, wie es Seymour einmal geplant hatte, als des Königs Gemahlin, sondern als seine Nachfolgerin. Northumberlands Sohn Guilford soll mit ihr die Krone tragen. Jane ist die Enkelin einer jüngeren Schwester Heinrichs VIII. Er selbst bestimmte in seinem Testament, daß im Fall seine beiden Töchter Maria und Elisabeth stürben, Franziska von

Dorset und Eleonore von Cumberland, die Töchter seiner Schwester Maria, der Königin von Frankreich, den englischen Thron erbten. Franziska gebar dem Marquis de Dorset zwei Töchter. Die älteste davon, Jane Grey, rangiert also unmittelbar nach Maria und Elisabeth in der Thronfolge. Ihrem Vater, Henry Grey, Marquis de Dorset, macht Northumberland noch schnell zum Herzog von Suffolk, denn er braucht ihn bald für seine Zwecke.

Der kranke junge König, der sein 16. Lebensjahr nahezu erreicht hat, ist kaum noch fähig, die Tragweite zu ermessen, die die Unterzeichnung der von seinem Minister verlangten Enterbungsurkunde seiner Schwestern, dazu die seiner Lieblingsschwester Elisabeth, umfaßt. Er kann sich auch mit ihnen nicht aussprechen. Sie dürfen sich dem Schwerkranken nicht mehr nähern. Elisabeth besonders leidet schwer darunter. Der König zögert lange. Erst in letzter Stunde gelingt es Northumberland, daß Eduard sein Testament mit der Enterbungsklausel unterzeichnet und der siebzehnjährigen Jane das englische Reich überläßt. Durch Stimmulanzmittel hat der Usurpator die Todesstunde des armen Kranken um einige Tage hinauszuschieben verstanden, bis er alles zur Ausführung und zum Gelingen seines Planes geordnet hat. Weder Maria noch Elisabeth werden von der langen Agonie ihres Bruders in Kenntnis gesetzt. Erst als er am 6. Juli 1553 in Greenwich sein Leben ausgehaucht hat, erhalten sie die Aufforderung, nach London zu kommen. Der junge König ist einsam gestorben. Elisabeth durfte ihm nicht, wie sie es gewünscht hätte, ein letztes Lebewohl sagen und ihm die Augen zudrücken. Zum zweitenmal ist sie vom Throne ihres Vaters verstoßen.

Northumberland liegt vor allem daran, die katholische Maria in seine Gewalt zu bekommen und auch Elisabeth möglichst vom Hofe fernzuhalten. Zum mindesten beabsichtigt er, die Prinzessinnen so lange in der Hauptstadt festzuhalten, dabei, wenn es sein müßte, Gewaltmittel zu gebrauchen, bis er Jane Grey zur Königin proklamiert hat.

Sowohl Maria als auch Elisabeth werden jedoch rechtzeitig gewarnt, in welcher Gefahr sie schweben. Maria befindet sich bereits auf dem Wege nach Greenwich. Da erhält sie von Sir Nicolas Throckmorton die dringende Aufforderung umzukehren. Throckmorton ist zwar überzeugter Protestant, dennoch Maria sehr ergeben. Sie flieht nach ihrem Schloß Kenninghall in Norfolk.

König Eduard VI. von England; Stich von Barsan nach einem Gemälde von Holbein

Dort versammelt sie alles um sich, was zu ihrer Partei gehört. Sie hat sofort erkannt, daß ihr Thron gefährdet ist. Rasches Handeln allein kann sie retten. Elisabeth hat ohne Zweifel ebenfalls von Freundeshand einen

Wink bekommen. Wahrscheinlich von Cecil, der ihr bereits damals mit seinem Rat als Freund zur Seite stand. Er war zu jener Zeit Staatssekretär, ein kluger, sehr vorsichtiger Mann von 33 Jahren. Ein überzeugter Protestant. Er gehörte zu dem engeren Kreise Elisabeths. Jedenfalls hatte sie, klug, vorsichtig und abwartend, wie immer, Hatfield noch gar nicht verlassen.

Northumberland hat guten Grund, den Tod des Königs noch einige Tage vor der Öffentlichkeit geheim zu halten. Erst am 10. Juli gibt er ihn gleichzeitig mit der Thronbesteigung Jane Greys dem englischen Volk bekannt. Elisabeth ist inzwischen genauer von allen Intrigen ihres Feindes unterrichtet worden. Es fällt ihr nicht ein, das Anrecht auf die englische Krone so leichten Kaufs sich entgehen zu lassen. Warwicks Anerbieten, sie mit Ländereien und Geld für die entgangene Erbfolge zu entschädigen, schlägt sie in völlig kühler und sachlicher Betrachtung aus. Ihre Antwort ist nicht nur geschickt, sondern eines erfahrenen Diplomaten würdig.

„Ich habe“, sagt sie, „so lange Maria lebt, nichts zu fordern, nichts zu beanspruchen. Erst muß meine Schwester ihren Teil bekommen.“

Und dann verschafft sie sich eilig tausend berittene Mann, an deren Spitze sie der Schwester auf der Straße nach London entgegenzieht.

Die siebzehnjährige Jane Grey ist an dem ganzen Staatsstreich vollkommen unschuldig. Sie hat bisher teils wegen ihrer großen Jugend, teils aus innerem Empfinden, jeder Politik ferngestanden. Sie beschäftigte sich ernstlich mit wissenschaftlichen Studien und lebte still und friedlich mit ihrem Gatten Guilford Dudley, am Hofe. Sie war eine große Bewunderin und Anhängerin der jüngeren Schwester des verstorbenen Königs, fast eine Freundin. Sicher hätte sie nie aus eigenem Ermessen daran gedacht, ihre verehrte Mylady Elisabeth oder zunächst Maria vom Throne zu verdrängen. Nur widerstrebend hat sie sich von ihrem Vater, dem Herzog von Suffolk, und von ihrem Schwiegervater überreden lassen, die englische Krone aus Northumberlands Händen zu empfangen. Um keinen Preis aber geht sie darauf ein, auch Lord Guilford, seinen Sohn, zum König krönen zu lassen. Darin hat sich der Usurpator arg verrechnet, denn Jane entfacht einen heftigen Streit in der eigenen Familie. Das englische Volk nimmt kaum Anteil an der Usurpierung der Krone zu Gunsten der Schwiegertochter Northumberlands. Es verhält sich schweigend.

Inzwischen aber hat Maria, die rechtmäßige Thronfolgerin Eduards, alles zu ihrer Erhebung vorbereitet. Binnen wenigen Tagen hat sie in Norfolk und Suffolk starke Streitkräfte zusammengezogen. Schon zu Lebzeiten ihres Bruders streckte sie ihre Fühler aus. Sie sicherte sich, wie gesagt, im voraus den Rat und die Stütze Karls V. Allerdings versagt er dann beinahe in der wirklichen Gefahr. Maria weiß sich dennoch durchzusetzen. Sogar der perfide Northumberland unterwirft sich ihr, als er sieht, daß das Glück auf ihrer Seite ist.

Der katholische Adel der östlichen Grafschaften, die Flotte und der Geheime Staatsrat schließen sich Maria zuerst an. In London trägt man ganz offen in beiden Lagern einen tödlichen Haß gegen den Intriganten, den Mörder Somersets zur Schau. Sein gewaltsamer Staatsstreich erregt nur Abscheu und Verachtung. Man bezeichnet Northumberland sogar als den Mörder des jungen Königs. Er soll ihm Gift gegeben haben. Es sind zwar haltlose Gerüchte, aber sie verstärken die Schar seiner Feinde. Alle fallen schließlich von ihm ab. Seine Freunde, seine Söldner, alle. Er wird schwach und entmutigt und ist schließlich einer der ersten, die auf dem Markt von Cambridge Maria mit dem Rufe huldigen: „God save the Queen Mary." Es nützt ihm nichts mehr. Seine eigenen Leute bemächtigen sich seiner, um sich selbst in Sicherheit zu bringen. Er ist verraten. Graf Arundel nimmt auf Befehl Marias John Dudley, Graf von Warwick, Herzog von Northumberland gefangen und bringt ihn in die Kerker des Tower. Kaum vier Wochen später büßt der Usurpator seinen Ehrgeiz auf dem Schafott. Sein Sohn, der spätere, sehr einflußreiche Günstling Elisabeths, der schöne Robert Dudley, Graf Leicester, wird im Tower mit unmenschlicher Härte von Maria vier Jahre lang festgehalten.

Im Triumph zieht Maria Tudor in London ein. Northumberlands gemeines Verhalten kommt ihr bei der Bevölkerung zugute. Sogar die religiösen Feindschaften scheinen vorläufig zu ruhen. Einstimmig jubeln

Katholiken und Protestanten der rechtmäßigen Königin zu, die so kühn sich ihres Thrones bemächtigt, wie es auch ein Mann nicht besser hätte tun können. Auswärtige anwesende Gesandte und eingeborene Augenzeugen dieses seltsamen Schauspiels einer so plötzlichen Änderung der Volksmeinung staunen über diesen unerwarteten Triumph. In einer Chronik der Zeit schreibt ein Engländer: „In meinem ganzen Leben habe ich nichts ähnliches gesehen, und niemals hat auch etwas ähnliches stattgefunden an Triumph. Nicht zu beschreiben die vielen Hüte, die in die Luft geworfen wurden. Graf Pembroke warf seinen Hut jubelnd in die Höhe. Er war bis an den Rand mit Goldmünzen angefüllt. Mit meinen eigenen Augen sah ich die Leute aus lauter Freude das Geld mit vollen Händen aus den Fenstern unter die Menge werfen. Es brannten ungezählte Freudenfeuer. Die Kanonen donnerten, das Volk schrie, die Glocken läuteten, daß keiner sein eigenes Wort verstehen konnte, nicht zu reden von den vielen Banketten und Jubelgesängen in den Straßen und auf den Plätzen Londons." Sogar der französische Gesandte Antoine de Noailles konnte sich nicht genug über die plötzliche Veränderung wundern, die mit den Menschen vorgegangen war. Er schrieb dieses Werk dem alleinigen Gott zu, der in einem großen Volk das Gefühl für seine Königin erweckt, um ihr zu dienen. „Und nicht nur, daß man Maria zujubelte", schreibt er, „sondern man brachte ihr auch das wenige Geld, das man besaß, das Silberzeug und die Ringe. Und niemand wollte von ihr irgendwelchen Sold oder Geschenke für seine Dienste annehmen." Maria kann wohl zufrieden sein mit diesem Erfolg. Niemand denkt mehr an die zarte, ephemere Erscheinung Jane Greys auf dem englischen Thron.

Die Ärmste kam vorläufig, gleich ihrem Beschützer und Verderber Northumberland in den Tower. Der eigene Vater, der ihre Thronbesteigung, um dem Usurpator zu dienen, am eifrigsten befürwortet hatte, riß sie buchstäblich von ihrem Thron. Denn Jane saß gerade, herrlich geschmückt, beim festlichen Mahle unter dem Thronhimmel, als der Herzog von Suffolk in maßloser Aufregung hereinstürzt, den Vorhang des Thrones herunterreißt und ihr zuruft: „Es gebührt Ihnen nicht, von diesem Thron Gebrauch zu machen. Maria

Tudor ist von den Räten zur Königin proklamiert!“ Jane ist wie versteinert. Sie bleibt indes vollkommen ruhig. Ist sie nicht gewöhnt, von ihrer Familie wie eine Schachfigur hin und hergeschoben zu werden? Die Brutalität des Vaters erstaunt sie gar nicht. Sie kennt trotz ihrer Jugend das menschliche Herz und seinen Egoismus. Sie ahnt: der Vater will seinen Fehler durch diese Geste in den Augen der Königin Mary ungeschehen machen, um dem Tod oder einer harten Strafe zu entgehen. Er behandelt sie, als habe sie den Thron usurpiert. Die kaum siebzehnjährige Königin ist um eine bittere Erfahrung reicher. Sie erhebt sich und schreitet die wenigen Stufen hinab, die von ihrem erhöhten Sitz in den Saal führen. Zu dem inzwischen um sie versammelten Hof sagt sie einfach: „Ich habe den Thron bereitwillig angenommen. Ich entledige mich jetzt ebenso bereitwillig seiner, um die Rechte der Königin Maria anzuerkennen. Es ist sowieso alles ohne meinen Willen geschehen.“

Dann verläßt sie die Prunkgemächer ohne Bedauern über die verlorene Macht und den Glanz, der sie ein paar kurze Tage umgeben hat. Und hinter ihr schließen sich die Kerkertüren. Erst viele Monate später, im Februar 1554, öffnen sie sich wieder für sie, aber nur um ihr den Weg zum Schafott freizugeben. Vergebens hat Maria Tudor in dieser Zeit versucht, Jane Grey zum Katholizismus zu bekehren. Lange widerstand die Königin dem Begehren ihrer Anhänger, sie zum Tode zu verurteilen. Janes Bekehrung hätte ihr Haupt vor dem Beil gerettet. Sie bleibt fest bei ihrem Glauben und stirbt so edel und vornehm, wie sie gelebt hat. Ihr Gatte teilt ihr Los. Den Vater begnadigt Maria. Aber er vergilt ihr die Gnade mit einem zweiten Verrat. Und so ereilt auch ihn der Tod auf dem Blutgerüst.

Siebentes Kapitel. Am Hofe der Spinne

Maria Tudor ist Königin. Fast ohne Schwierigkeit ist sie auf den Thron ihres Vaters gelangt. Was Heinrich VIII. verhindern wollte: eine Frau auf dem englischen Königsthron, ihr ist es durch eigene Kraft gelungen, diesen Plan zu durchkreuzen.

Elisabeth verhält sich bei allem abwartend, äußerlich scheinbar mit der Entwicklung der Dinge zufrieden. Sie gratuliert ihrer Schwester zu dem Mißlingen des Staatsstreiches Warwicks, obwohl, wäre er geglückt, die neue Religion, der auch sie angehört, die Macht in Händen behalten, ja vergrößert hätte. Elisabeth aber liegt weniger an der Macht des Protestantismus als an ihrer eigenen Zukunft, an dem englischen Thron, der mit Jane Grey für immer für sie verloren gewesen wäre. Ihrer Schwester Maria hingegen, wenn sie kinderlos starb – und es war kaum anzunehmen, daß die bis jetzt noch jungfräuliche siebenunddreißigjährige Königin in einer späteren Ehe Kinder bekam – mußte Elisabeth auf dem Thron Englands folgen. Daher war ihr die katholische Schwester lieber als die protestantische Kusine Jane.

Elisabeth zog an der Seite Marias im Triumph in London ein. Fünfhundert in den grün-weißen Farben der Königin gekleidete Kavaliere, eine Menge schöner Frauen umringen sie und ziehen mit ihr zum Tower. Hier muß die neue Königin, nach altem Brauch, bis zur Beendung der Trauerfeierlichkeiten ihres Vorgängers, einen kurzen Aufenthalt nehmen. Denn Eduards Beisetzung hat wegen der Ereignisse noch nicht stattfinden können. Beide Schwestern reiten jede auf einem herrlichen Zelter. Maria hatte Elisabeth und ihre Damen sehr herzlich empfangen. Der Triumph, den ihr das englische Volk bereitet, stimmt sie überaus glücklich und mild. In ihrem Glück bemerkt sie die sieghafte Jugend ihrer zwanzigjährigen Schwester kaum, der ein guter Teil des Jubels der Londoner gilt. Fast scheint Mylady Elisabeth mit ihrer herrlichen schlanken Gestalt, dem flammenden Goldhaar, den großen blauen Augen, der unerhört königlichen Haltung und den wunderschönen schmalen Händen die Königin zu sein, während Maria, den Vierzig nahe, klein, verblüht, vergrämt und durch jahrelange Unterdrückung zermürbt, neben ihr einherreitet. Wenn auch der Erfolg auf die bleichen Wangen rote Flecken zaubert, sie kann in keiner Weise mit der Erscheinung Elisabeths konkurrieren. Da aber der Tag ihr, ihr ganz allein gehört, der Tag, an dem sie sich die englische Krone erobert hat, denkt Maria nicht daran, welchen Eindruck Elisabeth machen könnte. Das Volk jubelt ihr, seiner Königin Mary zu. Nur Elisabeth fühlt mit Stolz und Genugtuung, daß die Augen vieler Tausenden auf sie gerichtet sind und daß die Hochrufe nicht alle nur Maria gelten.

Die Königin war indes anfangs offensichtlich bemüht, ihre junge Schwester in der Öffentlichkeit auszuzeichnen. Immer mußte Elisabeth an ihrer Seite sein. Bei jeder Gelegenheit wurde ihr der erste Rang nach der Königin zugewiesen. Maria schien vergessen zu haben, daß Elisabeth die Tochter Anna Boleyns war, ihrer Feindin, die ihr so vieles Böse zugefügt hatte. Sie schien auch vergessen zu haben, daß Elisabeth in ihren Augen eine Ketzerin war, daß sie einer anderen Religion angehörte. Darüber aber wollte Elisabeth sie keinesfalls im Zweifel lassen. Und so kam es schon bei den kirchlichen Zeremonien während der Trauerfeier für den verstorbenen Eduard zu Mißhelligkeiten zwischen den beiden Schwestern. Anfänglich wünschte die Königin, die Reste ihres Bruders nach katholischem Ritus einsegnen lassen. Simon Renard aber, den Karl V. mit noch einigen anderen Diplomaten als außerordentlichen Gesandten nach London geschickt hatte, um Maria zu beraten und vor eventuellen Angriffen der protestantischen Partei zu schützen, mahnte zur Vorsicht. Er riet ihr vorläufig von solchen rigorosen Maßnahmen ab. So läßt sie denn durch den Erzbischof Cranmer in Westminster die öffentliche Trauerfeier reformiert zelebrieren. Im Tower hingegen hört sie selbst die nach der katholischen Liturgie abgehaltene Messe und das Requiem. Sie fordert ihre Schwester Elisabeth auf, mit ihr diese Messe zum Seelenheil des Königs zu hören, erhält indes eine strikte Ablehnung. Elisabeth erwidert, sie beträte weder eine katholische Kirche noch wolle sie je einer katholischen Messe beiwohnen. Als sie das sagt, erinnert sie sich wohl auch des konsequenten Widerstandes, den Maria seinerzeit ihrem Bruder und seinen Räten entgegensetzte, als sie von ihr verlangten, reformiert zu werden. „Lieber wolle sie", hatte Maria damals in höchster Empörung ausgerufen, „sich den Kopf abhauen lassen, als einen anderen Glauben annehmen." Und nun wollte sie Elisabeth zwingen, ihre Religion zu verleugnen. Elisabeth ist nicht gesonnen, nachgiebiger als Maria zu sein.

Von diesem Augenblick an wird das Verhältnis zwischen den beiden Schwestern, das eigentlich immer ein gespanntes gewesen war, mehr und mehr feindselig. Elisabeths stolzer Charakter ist nicht geeignet sich unterzuordnen, und Marias Herrschsucht gestattet keine Widerrede, besonders nicht in religiösen Dingen. Es sind zwei verschiedene Welten, denen sie angehören. Elisabeths hartnäckige Weigerung, den katholischen Glauben anzunehmen, reizt die Königin maßlos, so daß sie mehr als einmal im Begriff steht, die störrische Prinzessin aus ihrer Nähe, vom Hofe zu verbannen. Aber noch will sie sich keiner öffentlichen Härte ihrer Schwester gegenüber schuldig machen. Karls V. Gesandten schüren indes immer mehr den Haß Marias gegen die „Ketzerin, die Schismatikerin". Papst Julius III. selbst hatte ja gesagt, er wundere sich, daß Elisabeth beim englischen Volke so großen Anklang fände. Immer wieder macht man die Königin aufmerksam, daß es ihre Schwester nur darauf abgesehen habe, die reformierte Partei ganz für sich zu gewinnen, um eines Tages mit ihrer Hilfe sich des Thrones zu bemächtigen. Ferner vermutet der spanische Gesandte Renard, sie konspiriere weiter mit den Anhängern Northumberlands, den Rebellen, und bereite in aller Stille eine Gegenrevolution vor.

Maria behält daher ihre Schwester scharf im Auge und arbeitet weiter an ihrer Bekehrung. Vorläufig noch ohne jeden Erfolg. Die fanatische Katholikin, der die Frömmigkeit und der Glaube im Blute liegen, denn sie hat ihr ganzes Leben lang nur gebetet, läßt jetzt täglich sieben Messen lesen, denen sie mit dem ganzen bis dahin protestantischfühlenden Hof beiwohnt. Elisabeth bleibt hartnäckig fern. Es nützt Maria nichts, ihre geschicktesten Höflinge zu ihr zu senden, um sie eventuell mit Gewalt zur

Messe zu schleppen. Elisabeth hat bei solchen Gelegenheiten ein unfehlbares Mittel zur Hand. Es hat ihr mehr als einmal schon aus der Verlegenheit geholfen. Sie ist einfach krank. Unfähig, das Bett zu verlassen. Einmal bekommt sie wahnsinnige Magenkrämpfe. Sie windet sich vor Schmerzen und schreit laut auf. Ein anderes Mal sind ihre Glieder geschwollen, ein Übel, das sie allerdings öfter wirklich befiel. Kurz, sie weiß sich immer dem Zwang zu entziehen. Auf diese Weise kämpft sie vier Wochen lang um ihren Glauben. Länger reicht die Geduld der Schwester nicht. Maria sagt ihr gerade heraus, wenn sie sich nicht endlich ihrem Willen füge und an Mariä Geburt nicht an der Messe teilnähme, werde sie vom Hofe verjagt werden. Was das bedeutet, weiß Elisabeth nur zu gut. Es ist gleichbedeutend mit Gefangenschaft. Vielleicht mit dem Tod. Haben nicht viele schon ihr Leben um ihres Glaubens willen lassen müssen?

Elisabeth besitzt weder die Anlage zur Märtyrerin, noch ist sie von dem protestantischen Glauben so durchdrungen wie Maria von dem katholischen. Sie hat in ihrem jungen Leben so oft gesehen, daß sie mit Klugheit und Diplomatie weiter kommt als mit Aufrichtigkeit. Sie fügt sich – wenigstens äußerlich. Nur von einer ihrer Damen begleitet, begibt sie sich zur Königin, wirft sich ihr zu Füßen und bittet sie um Verzeihung. Schluchzend gesteht sie ihren bisherigen Irrtum ein und bittet um Unterweisung im katholischen Glauben. Sie wisse ja nicht einmal, wie sie sich in einer katholischen Kirche benehmen müsse. Und an Mariä Geburt erscheint sie als gehorsame Untertanin der Königin zur Messe.

Weder Maria noch ihre Ratgeber sind von Elisabeths aufrichtiger Bekehrung überzeugt. Man beobachtet sie weiter mit Argwohn. Man fühlt, sie muß sich mit aller Gewalt zu den katholischen Kirchengebräuchen zwingen. Im Innern ist sie doch Protestantin. Ihre Nachgiebigkeit ist Verstellung. Maria läßt sich nicht düpieren. Sie verlangt von Elisabeth die formelle Erklärung, daß sie aus innerster Überzeugung den katholischen Glauben angenommen habe. Elisabeth tut ihr auch diesen Gefallen. Aber es ist keine Kleinigkeit für die stolze junge Prinzessin, sich so in die Hände der Schwester zu begeben. Man merkt ihr den Kampf an, der in ihrem Innern vorgeht. Am ganzen Körper zitternd, ganz bleich vor Erregung, erklärt sie, sie gehorche der Stimme ihres Gewissens und besuche die Messe als gläubige Katholikin.

Maria ist für einige Zeit beruhigt. Die Vorbereitungen zur Krönung nehmen sie und den ganzen Hof außerordentlich in Anspruch. Es soll ein prachtvolles Fest von niegesehenem Glanz werden. Vor allem der Zug aus dem Tower nach Whitehall, der am ???[31?]. September 1553, einen Tag vor der Krönung stattfand, überbietet alles Dagewesene an Pracht und Schönheit. Queen Mary sitzt in einer goldenen Sänfte, die auf vier goldgeschirrten und mit rotem Samt bedeckten Pferden ruht. Sie trägt ein herrliches blaues, hermelinverbrämtes Samtkleid. Über die Schultern ist ein Silberbrokatmantel geworfen. Ihr goldenes Diadem ist dermaßen schwer von kostbaren Steinen und Perlen, daß sie fast davon erdrückt wird. Sie muß ihren Kopf mit der Hand stützen.

Unmittelbar hinter der Königin fährt der mit Silberstoff ausgeschlagene Wagen Elisabeths. Ihre Pferde sind mit Silber förmlich behangen. Die junge Prinzessin selbst trägt, wie die Fee im Märchen, ein silbernes Kleid. Es hat französischen Schnitt. Ihren Hals, ihre Arme schmücken die herrlichsten Juwelen. Einige davon sind Geschenke Marias. In ihrem goldroten Haar glänzen Perlen und Diamanten.

Neben Elisabeth sitzt Anna von Cleve, auch sie ist ganz in Silberbrokat und nach französischer Mode gekleidet. Sie ist die einzige Frau Heinrichs VIII., die noch lebt. Doch bei der Krönung figuriert sie als seine adoptierte Schwester. Sonst hätte sie den ersten Rang nach der Königin einnehmen müssen. Elisabeth hat sich ihr eng angeschlossen. Anna ist achtzehn Jahre älter als sie. Aber sie ist Protestantin, eine Gleichgesinnte. Dem Wagen Mylady Elisabeths folgen die Prinzessinnen des Hauses und siebzig junge Hofdamen zu Pferd in karmoisinroten Samtgewändern mit goldenen Tressen und Hermelinverbrämung, die langen, weiten herabfallenden Ärmel goldgefüttert. Ebenfalls aus Gold- oder Silberstoff der über die Schulter fallende lange Mantel. Eine endlose Reihe prächtig gekleideter Edelleute und Ritter in silbernen und goldenen Rüstungen beschließt den

Zug. Als am nächsten Tag die Krönungsfeier in Westminster stattfindet, nimmt Elisabeth wieder die erste Stelle im Range der Prinzessinnen ein.

Aber auch hier gibt sie Veranlassung zu Argwohn und Mißtrauen. Die spanischen Spione Marias wollen bemerken, daß Mylady Elisabeth allzufreundliche Blicke mit dem französischen Gesandten Noailles tauscht. Ihre kleine Prinzessinnenkrone drückt sie mit der Zeit. Sie möchte sie gern für den Rest des Tages ablegen. Das Zeremoniell aber gestattet es nicht. Die Spanier hören, wie der Franzose zu ihr sagt: „Geduld! Geduld! Bald werden Sie eine bessere Krone tragen.“ Elisabeth lächelt über die Unvorsichtigkeit des geistreichen Parisers. Aber Marias Anhänger sehen darin einen neuen Beweis von Elisabeths Falschheit. Sie sind fester denn je überzeugt: sie konspiriert!

Ein weiteres Hindernis zum harmonischen Einvernehmen der beiden Schwestern ist Elisabeths zweideutige Stellung als nicht legitim anerkannte Tochter Heinrichs VIII. Ein paar Wochen nach der Krönung war das Parlament zusammengetreten und hatte durch die erste Akte Marias Geburt für legitim, die Heirat Heinrichs VIII. mit ihrer Mutter Katharina von Aragon für rechtsgültig und ihre Scheidung für null und nichtig erklärt. Dadurch fiel auf Heinrichs zweite Ehe mit Anna Boleyn und die Geburt Elisabeths endgültig der Flecken der Illegitimität. Maria machte bald auch an ihrem Hofe kein Hehl mehr daraus, daß sie ihre Schwester als Bastard betrachtete, nachdem sie sie anfänglich mit Ehren und Auszeichnungen förmlich überhäuft hatte.

Elisabeth ist nicht von der Art, Beleidigungen geduldig hinzunehmen. Sie hat lange genug alles ertragen, alles getan, was man von ihr verlangt. In diesem Punkt, hinsichtlich der Anzweiflung ihrer Legitimität, reißt ihre Geduld. Ihr Zorn bricht los. Sie tobt und erklärt, den Hof verlassen zu wollen. Eine ganze Woche besucht sie die Königin nicht, die an einer Herzneurose leidet, im Bett liegt und unaufhörlich weint. Es ist um die Zeit Allerheiligen. Elisabeth geht wieder einmal nicht zur Messe. Unglücklicherweise trifft es sich, daß an diesem großen katholischen Feiertag in Sankt Paul ein Kaplan mitten in der Predigt von Reformierten mit Schmähreden angegriffen wird. Einer soll sogar das Leben des

Priesters bedroht haben. Man verfehlt natürlich nicht, Elisabeth für das Benehmen ihrer Glaubensgenossen indirekt verantwortlich zu machen oder zum mindesten sie der Beeinflussung zu verdächtigen. Das Beispiel der störrischen Prinzessin, die sich bei jeder Gelegenheit weigere, zum katholischen Gottesdienst zu erscheinen, mache den Protestanten Mut.

Maria fühlt schon nach kurzer Zeit, daß ihr die Gunst ihres Volkes entschwindet, während Elisabeth sich immer größerer Beliebtheit erfreut. Der ganze junge Adel liegt ihr zu Füßen. Wenn sie sich auf der Straße sehen läßt, strömt ihr die Bevölkerung mit Jubelrufen zu.

Es ist kein Wunder, daß sich die Engländer von Maria abwenden. Sie hat sie enttäuscht. Sie, die anfänglich mild und nachgiebig zu regieren schien, setzt ihre Herrschaft plötzlich in grausamster Weise gegen den Protestantismus durch. Alle kirchlichen Gesetze und Reformen, die unter Eduard eingeführt worden waren, werden wieder abgeschafft. Die Königin hat nur einen Gedanken: die Oberherrschaft des Papstes in einem Lande wieder einzuführen, das seit zwanzig Jahren mit der protestantischen Lehre verwachsen ist und für seinen neuen Glauben ungeheure Opfer gebracht hat. Besonders ist man in London, dem Hauptzentrum des Protestantismus, über die Maßnahmen der neuen Herrscherin gereizt, und die anderen Städte und Grafschaften, in denen die Reformation verwurzelt ist, schließen sich an. Die Unzufriedenheit der Bevölkerung mit ihrer Königin aber steigert sich, als man vernimmt, sie werde sich mit einem fremden Prinzen, einem Spanier, vermählen.

Die Frage nach dem zukünftigen Gemahl Marias war gleich nach ihrer Thronbesteigung aufgetaucht. Das englische Volk zweifelte keinen Augenblick daran, daß seine Königin nur einen Engländer heiraten könne. Am liebsten aus dem Hause York. Da ist aber nur Eduard Courtenay, der seit seinem 14. Jahr im Tower gefangen gehalten wird. Er ist jetzt 26 Jahre alt, ein schöner schlanker Mann, mit vielen Talenten begabt, die er in seiner Gefangenschaft nicht vernachlässigt hat. Er ist der Urenkel Eduards IV. Sein Vater endete unter Heinrich VIII. wegen Hochverrats auf dem Schafott.

Als Maria zur Regierung kam, war einer ihrer ersten Gnadenakte, dem jungen Courtenay die Freiheit zu schenken und ihn bald darauf mit dem Titel eines Grafen von Devonshire zu belehnen, der im Hause Courtenay lange erblich gewesen war. Es schien auch, als leite sie dabei nicht nur das Staats-, sondern ein ganz persönliches Interesse an dem jungen Mann. Im Volk war es so gut wie sicher: Queen Mary heiratet Eduard Courtenay. Er war Katholik und ein Schützling des von Maria ebenfalls aus dem Tower befreiten und zum Lordkanzler ernannten Thomas Gardiner.

Man war daher sehr enttäuscht, als aus dieser Heirat nichts wurde und Maria sich an ihren Freund Karl V. wandte, dessen Sohn Philipp 27 Jahre alt und gerade Witwer geworden war. Sie hätte ihn ganz gern schon vor ein paar Jahren geheiratet. Da er jedoch mit Maria von Portugal verheiratet war, mußte sie auf ihn verzichten. Jetzt aber ist er frei! Sie kommt auf diese Jugendschwärmerei zurück, obwohl Philipp elf Jahre jünger ist als sie.

Eine Familienverbindung mit Spanien war dem englischen Volksinteresse vollkommen entgegen. Karl V. hingegen sah darin den größten Vorteil für seine Politik, denn dadurch wurde England verhindert, ein Bündnis mit Frankreich zu schließen. Die Protestanten in England wiederum sahen in Marias Bestreben, sich noch enger an das bigotte katholische Spanien anzuschließen, die endgültige Bestätigung ihrer schlimmsten Befürchtungen. Man sah furchtbare Zeiten voraus. Gegen diese neue Tyrannei der Tudors widersetzte sich das englische Volk. Es wollte es sich nicht gefallen lassen, sich dem Einfluß einer Nation unterwerfen zu müssen, deren Raubsucht, Gewalttätigkeit und Grausamkeit die ganze Welt mit Schrecken erfüllte. Es wollte keinen Spanier, überhaupt keinen Fremden. Das Unterhaus überreichte daher der Königin eine Adresse gegen ihre Verheiratung mit einem ausländischen Prinzen. Marias Zorn darüber war groß. Sofort löste sie das Parlament auf. Auch ihre Räte erreichten nichts bei ihr. Sie schien in ihrer Liebe zu Philipp vollkommen vernarrt. Trotzig erklärte sie, nur ihn und keinen anderen zu heiraten. Eher wolle sie sterben!

Anna von Cleve, Gattin Heinrichs VIII.; Stich von Hollar nach einem Gemälde von Holbein

Am meisten aber ärgerte sie, daß ihr Vorschlag, den Bastard Elisabeth durch eine Bill für thronunberechtigt zu erklären, keinen Anklang fand. Einer ihrer ergebensten Ratgeber, der Staatsrat Paget trat dieser Zumutung energisch entgegen. Nie und nimmer werde das Parlament die von Heinrich VIII. eingesetzte Bestimmung umstoßen. Zwar sei Elisabeth nach dem Gesetz seine außereheliche Tochter, aber an ihre Anwartschaft auf den Thron könne nicht gerüttelt werden. Paget riet der Königin sogar, Elisabeth in aller Öffentlichkeit als ihre Thronfolgerin anzuerkennen und sie mit einem Engländer, etwa mit Courtenay, zu verheiraten, Maria habe ihn ja für sich selbst ausgeschlagen. Das englische Volk werde ihr Dank für diese Handlung wissen. Paget ging dabei von der richtigen Voraussetzung aus, daß Philipp sich dann nicht nach Marias Tode Englands bemächtigen konnte. Die Volksmeinung wäre dadurch für die Heirat der Königin erheblich milder gestimmt worden. Der Nimbus, der den jungen Courtenay seit seiner Befreiung aus jahrelanger unschuldiger Gefangenschaft umschwebte, seine königliche Abkunft, die Eleganz und Schönheit seiner Erscheinung, hatten ihn zum Liebling des englischen Volkes gemacht. Wenn er schon nicht der Gemahl Marias werden sollte, so wenigstens der der jungen Elisabeth. Man munkelte sowieso schon über allerlei Liebeshändel zwischen den beiden.

Courtenay machte indes die plötzlich erlangte Freiheit tollkühn und leichtsinnig. Er gab Veranlassung zu den größten Skandalaffären Londons, führte ein ausschweifendes Leben, spielte sich in der ersten Zeit seinen Freunden und Bekannten gegenüber als der zukünftige König auf und sprach verächtlich über Elisabeth. Sie war empört und ließ ihn ihre Ungnade fühlen. Sie erschien nicht in der St.-Pauls-Kirche, als aus Anlaß seiner Erhebung zum Grafen von Devonshire dort eine große kirchliche Feier stattfand. Ihr Fernbleiben von dieser Messe entschuldigte sie der Königin gegenüber auch damals mit Krankheit. Trotzdem versuchten es ihre Feinde, sie in eine Liebesintrige mit Courtenay zu verwickeln, um die Eifersucht der älteren Maria und dadurch deren Ungnade gegen Elisabeth noch mehr zu entfachen. Courtenay selbst sagte der Königin in einer Privataudienz, es ginge das Gerücht, Elisabeth solle mit einem jungen englischen Aristokraten verheiratet werden. Dieser junge Mann sei er! Elisabeths und seine Kinder würden also dann die Erben ihres Thrones sein, da ja Maria wahrscheinlich wegen ihres Alters ohne Nachkommen stürbe. Das sei die öffentliche Meinung. Er selbst wünsche nichts sehnlicher als ihr zu dienen. Wenn sie ihn jedoch durchaus verheiraten wolle, dann lieber mit einem einfachen Hoffräulein als mit Mylady Elisabeth! Sie sei überdies hochmütig und ihre Abkunft von der Mutter allzu anrüchig. Solche Reden stachelten Marias Haß gegen Anna Boleyn immer wieder von neuem auf. Die Tochter mußte es büßen. Als daher der Staatsrat Paget ihr den obenerwähnten Vorschlag machte, Elisabeth als ihre rechtmäßige Thronfolgerin auszurufen, entgegnete sie kalt:

„Nein, sie ist der Krone Englands unwürdig. Sie ist die illegitime Tochter Anna Boleyns. Sie ist keine aufrichtige Katholikin. Sie ist eine Heuchlerin. Sie umgibt sich nur mit Protestanten. Sie machen sich allesamt lustig über die katholischen Kirchenzeremonien. Lieber ernenne ich Lady Lenox oder Maria Stuart oder die Herzogin von Suffolk zu meiner Nachfolgerin." Man hat Maria auch hinterbracht, Elisabeth habe den französischen Gesandten heimlich bei sich empfangen und von ihm Ratschlage des Königs von Frankreich erhalten. Es ist Verleumdung, aber Maria wird immer wieder durch derartige Hetzereien in ihrem Mißtrauen gegen die Schwester bestärkt.

Von Stund an ließ sie Elisabeth ihr Mißfallen auf unzweideutige Art fühlen. Im Audienzzimmer darf die Prinzessin nicht wagen, den Stuhl der Gräfin Lenox oder der Herzogin von Suffolk einzunehmen. Ihre Freunde und Höflinge werden in auffallendster Weise zurückgesetzt und beleidigt. Elisabeth läßt sich das nicht lange gefallen. Da sie es jedoch für diplomatischer hält, im Guten mit ihrer Schwester auseinanderzukommen, bittet sie höflich um die Erlaubnis, sich vom Hofe entfernen und nach Ashridge zurückziehen zu dürfen. Sie sei ohnehin nicht besonders gesund und habe Ruhe nötig. Man gewährt ihr die Bitte, nachdem sie versprochen hat, sich in Ashridge mit der Kirche ergebenen Leuten umgeben zu wollen. Begleitet von den guten Ratschlägen Renards und Lord Pagets, die ihr ins Gewissen reden, zieht sie davon, äußerlich ganz Sanftheit und Ergebenheit.

Elisabeth ist sehr froh, dem „Netz der Spinne" – wenigstens eine Zeitlang – entronnen zu sein. Gleichsam zum Hohn – offiziell unter dem Vorwand, auch in Ashridge nicht der katholischen Religionsgebräuche entbehren zu müssen – läßt sie einen Boten an die Königin abgehen, um sich Chorhemden, Meßgewänder und Meßgefäße von ihr zu erbitten. Sie befindet sich bereits auf dem Wege nach ihrem Schloß. Aber Maria soll sehen, welch gute Katholikin ihre Schwester ist. Hätte sie die Kirchengewänder gleich mitgenommen, so wäre ja Maria nicht darauf aufmerksam geworden. Elisabeths Berechnung fruchtet diesmal nicht. Die Königin bleibt ihr gegenüber mißtrauisch und haßerfüllt. Ihre Freunde, besonders die spanischen Ratgeber, tun ihr möglichstes, sie immer mehr davon zu überzeugen, daß Elisabeth die Ruhestörerin ist. Sie muß verschwinden. Renard sagt der Königin geradeheraus, sie habe vier verschiedene Feinde: die Ketzer und Schismatiker; die Rebellen und Anhänger des Herzogs von Northumberland; Frankreich und Schottland; Mylady Elisabeth.

Nichtsdestoweniger geht die Trennung der Schwestern äußerlich reibungslos vor sich. Maria schenkt Elisabeth beim Abschied ein prachtvolles Zobelbarett und zwei Hals- und Armketten aus großen Perlen, dem Lieblingsschmuck der Prinzessin. Elisabeths Reisezug ist außerordentlich glänzend. Fünfhundert Edelleute zu Pferd begleiten sie. Auf dem Wege aber fühlt Elisabeth sich zu schwach, die Reise zu Pferd fortzusetzen. Sie erbittet durch Boten von der Königin deren Sänfte. Sie erhält sie sofort. Die äußere Höflichkeit wird nicht verletzt. Doch weder die eine noch die andere der Schwestern ist aufrichtig in ihren Gefühlen. Und während Elisabeth froh ist, der schwesterlichen Bevormundung entrückt zu sein, bleibt Maria voll Unruhe und Unsicherheit in London zurück.

Achtes Kapitel. Die Verschwörung

Ehe Maria Tudor Philipp erwählte, waren ihr verschiedene Heiratsprojekte vorgeschlagen worden. Anfangs hatte sie sich eigentlich geweigert, überhaupt zu heiraten. Doch das Land verlangte eine männliche Führung. Außerdem hoffte Maria durch eine Ehe ihrem Throne doch noch einen Erben zu geben. Dann war die Frage der Thronfolge Elisabeths sowieso gelöst. Doch weder der Neffe des Kaisers Karl V., Erzherzog Karl noch Heinrich II. von Frankreich noch König Christian III. von Dänemark noch der Infant Don Luis von Portugal, auch nicht der Herzog Emmanuel Philibert von Savoyen kamen für die Königin von England in Betracht. Kaiser Karl schlug ihr einige davon zwar der Form wegen vor, im Grunde aber dachte er nur an seinen Philipp. Damit begünstigte er nicht nur seine eigenen politischen Pläne, sondern kam auch einem persönlichen Wunsch der Königin entgegen. Sein Gesandter Renard verstand es, der in Philipp verliebten Maria den zukünftigen Gatten in einem so glänzenden Lichte zu schildern, daß sie schließlich keinen andern mehr haben wollte als ihn. Ihr früherer Vorsatz – wenn sie je heiraten sollte –, nur einen Mann zu wählen, der in ihrem Alter oder älter sei, war plötzlich vergessen. Philipp war trotz seiner Jugend schon acht Jahre verheiratet gewesen und hatte einen siebenjährigen Sohn, den später so unglücklichen und von seinem unmenschlichen Vater so roh behandelten Don Carlos. Philipps Charakter, versicherte ihr Renard, – der „Seelenberater“, wie sie ihn nannte – sei über alle Kritik erhaben. Er sei bescheiden, sehr gemäßigt und gütig. Dann sandte ihr die Königin Maria von Ungarn, Karls V. Schwester, ein von Tizian gemaltes Bild ihres Neffen Philipp. Es stellte ihn zwar noch jünger, als 23 jährigen, dar, aber das spielte jetzt keine Rolle mehr. Maria hatte sich entschieden.

Am 29. Oktober 1553 empfing sie auf höchst mystische und dramatische Weise, nur in Gegenwart ihrer Ehrendame Lady Clarence, den Abgesandten Kaiser Karls noch am späten Abend in ihrem Zimmer. Als Renard eintrat, lag die Königin vor dem Heiligen Altarsakrament, das in der Mitte aufgestellt war, auf den Knien und sang das „Veni Creator“. Sowohl die Hofdame als auch der Gesandte sangen es leise nach. Darauf erhob sich Maria und gelobte Gott, der allein sie zu dieser Ehe inspiriert habe, niemand anderen als den spanischen Prinzen zu heiraten, ihn immer zu lieben und ihm nie Grund zur Eifersucht zu geben. Sie geriet in Verzückung, verkündete Philipp als den „für die jungfräuliche Königin Erwählten des Himmels, den ihr keine Macht der Welt entreißen oder von ihr abwendig machen könne".

Es dauerte jedoch noch drei Monate, ehe alle Verhandlungen mit Spanien abgeschlossen waren.

Erst am 2. Januar 1554 trafen die Hochzeits-Gesandten Karls V. und Philipps mit dem Ehevertrag in London ein. Maria schickte ihnen zum Empfang den jungen schönen Grafen von Devonshire, Eduard Courtenay, entgegen. Als sich der Zug durch Londons Straßen bewegte, erhob sich kaum eine Stimme zur Begrüßung der Fremden. Im Gegenteil, die Leute drehten die Köpfe auf die Seite oder senkten ihre Blicke, um die spanische Gesandtschaft nicht ansehen zu müssen. Es herrschte eisige Stille. Vor der Stadt war das Gefolge von Straßenjungen mit Schneeballen bombardiert worden.

Ein paar Tage später, am 12., wurde der Ehevertrag Marias und Philipps unterzeichnet. Es gab die üblichen Feste und Belustigungen bei dieser Gelegenheit. Niemand war jedoch zufrieden, weder der Adel noch das Volk. Trotzdem der Kanzler erst im Hause der Lords, dann vor dem Lord-Mayor und den Aldermen in einer glänzenden Rede hervorgehoben hatte, welche Vorteile England aus dieser Familienverbindung ziehen werde, und daß seine Freiheit durch den fremden Fürsten absolut unangetastet bleibe. Man stand dieser Heirat höchst skeptisch gegenüber.

Sogar Marias Vertrauensmann Renard war sich bewußt, daß die Lage der Königin sich durch die Verbindung mit Philipp dauernd verschlechtern würde. Er schrieb seine Befürchtungen schon im September an den Bischof von Arras. Er sprach sich darüber aus, wie sehr er in dieser Beziehung die Franzosen fürchte. Am meisten aber Elisabeth. Ihr traute er nicht über den Weg. In vielen Punkten seines Briefes sollte er recht behalten. Am selben Tag, als der Kanzler dem Parlament und dem

Magistrat den Ehevertrag Marias mit Philipp von Spanien mitgeteilt hatte, schrieb Noailles an Heinrich II. durch Vermittlung seines Vertrauensmannes La Marque: „Die beiden Kammern werden nie gestatten, daß der Spanier ihr König wird." Lieber wollen sie alle, Hochadel, Gentry und Volk, in einer Schlacht gegen ihn für ihre Freiheit sterben, als sich in eine solche Knechtschaft begeben. „Eines Tages", fuhr er fort, „werden sie die Waffen ergreifen, um die Königin vom Throne zu verjagen."

Maria war in Gefahr. Schon grollte es unterirdisch. Es sah nach Bürgerkrieg aus. Das ganze Land schien wie aufgewühlt. Die Parteien zerfleischten sich im gegenseitigen Haß. Man wollte die spanische Ehe nicht, man wollte Philipp nicht in England. Die französische Partei, auf deren Seite Elisabeth stand, wühlte und intrigierte unter der Führung des Gesandten Noailles. Es war eine Verschwörung gegen die Königin im Gange. Durch eine Indiskretion Courtenays brach der Aufstand zwei Monate früher aus, als beabsichtigt war. Am 25. Januar 1554 marschierte Thomas Wyatt, der Sohn eines Dichters und Höflings, von Kent aus gegen Maria, um sie zu stürzen. Er war ihr anfangs ergeben gewesen. Auf dem Markt von Maidstone hatte er ihr als einer der ersten bei ihrer Erhebung gehuldigt. Doch die spanische Heirat ließ ihn Böses für England befürchten. Wyatt hatte viele Jahre als Geschäftsträger des englischen Hofes in Spanien gelebt. Er kannte die Grundsätze, die Intrigen und die Gewalttätigkeit dieses Hofes und seine unfaire Politik sehr genau. Vor diesem Einfluß hoffte er England zu bewahren.

Gleichzeitig bemühten sich noch andere Edle des Landes um die Rettung vor der Fremdherrschaft. Peter Carew und Nicolas Throckmorton in Devonshire, James Croft in Wales, der von Maria begnadigte Herzog von Suffolk in der Grafschaft Warwickshire und Leicestershire. Keiner von ihnen hatte Erfolg. Alle wanderten in den Tower. Suffolk, Jane Greys Vater, hatte nun endgültig sein Leben verwirkt.

Nur Wyatts Aufstand gewann anfangs ein drohendes Ansehen. Maria sandte ihm die Londoner Miliz entgegen. Sie ging zu ihm über. Auch den Garden konnte sie nicht trauen, denn die meisten waren Protestanten.

Und wie es um die Bevölkerung Londons bestellt war, wußte sie. Marias Lage war höchst gefährlich. Es galt, alles daran zu setzen, sich ihren Thron nicht entreißen zu lassen. Sie bewies dabei einen Mut, der selbst für einen Mann bewunderungswürdig gewesen wäre.

Noch ehe Wyatts Truppen die Hauptstadt erreicht hatten, dachte sie daran, sich der Person ihrer Schwester Elisabeth zu bemächtigen. Sie war von deren Anteilnahme an der Verschwörung überzeugt, obwohl sie keinen bestimmten Beweis dafür hatte. Aber Karl V. riet ihr dringend, jetzt endlich zu handeln und Elisabeth unschädlich zu machen, zumal man erfahren hatte, daß Wyatt der Prinzessin noch vor kurzem den Rat erteilte, sie solle sich sofort von Ashridge nach Donnington Hall in Berkshire begeben. Es liegt auf der Südseite der Themse, nur einen Tagesmarsch von Kent entfernt. Dort konnte sie sich aufhalten, bis Wyatt Herr der Situation war. Auch Sir James Croft riet ihr dazu.

Das alles erfuhr Maria durch Lord Bourchier, einem ihrer Höflinge und Spione. Maria schrieb sofort am 26. Januar, also einen Tag, nachdem die Rebellion in Kent ausgebrochen und die Aufständischen noch im Anzug auf die Hauptstadt waren, jenen hypokritischen Brief, der die Schwester in die Falle locken sollte:

> „Teuerste und geliebteste Schwester, wir grüßen Euch. Da einige Übelgesinnte in böser und rebellischer Absicht ihre Pflicht gegen die Uns schuldige Treue verletzt haben und seit einiger Zeit schändlicherweise verschiedene unwahre und übertriebene Gerüchte verbreiten und durch andere teuflische Absichten daraufhin arbeiten, Unsere guten treuen Untertanen zu einem widernatürlichen Aufstand gegen Gott, Uns selbst und die Ruhe des Staates zu verleiten, so haben Wir es für dienlich gehalten, daß Ihr bereit sein möchtet, in größter Eile Euren Aufenthalt bei uns zu nehmen. Es leitet Uns dabei nur der Gedanke, Eure Person in Sicherheit zu bringen. Ihr könntet ja leicht Gefahr laufen, falls in der Gegend, wo Ihr jetzt seid, oder in Donnington, wohin Ihr, wie Wir hören, bald aufzubrechen gedenkt, plötzlich ebenfalls ein Aufstand ausbräche. Wir bitten Euch daher, dem nicht entgegen zu

sein und versichern Euch, daß Ihr hier in jeder Beziehung sicher seid. Ebenso werdet Ihr Uns herzlich willkommen sein.

Mit der Bitte, Uns durch den Überbringer dieses Briefes Eure Gesinnung wissen zu lassen, verbleiben Wir

Eure liebende Schwester

Maria, die Königin.

Gegeben unter Unserem Siegel in St. James-Palace, den 26. Januar, im ersten Jahre unserer Regierung."

Dieser Brief erreicht Elisabeth in Ashridge. Aber sie geht nicht auf den Leim. Sie ist krank, ans Bett gefesselt. Ob wirklich oder nur vorgeblich, ist bei der an ihr bekannten Methode nicht genau festzustellen. Auf alle Fälle entschuldigt sie sich bei der Königin mit ihrer Krankheit. Das Rheuma – mit 21 Jahren! – plage sie so furchtbar; sie habe ganz dicke geschwollene Beine. Sie sei so schwach. Sie könne sich nicht von der Stelle rühren. Sie sei verzweifelt, dem Befehl der Königin nicht nachkommen zu können. Um sich aber von der Wahrheit ihres Zustandes selbst zu überzeugen, solle Maria ihren Leibarzt nach Ashridge senden, damit er sie untersuche. Das ist ein sehr kühner, aber gefährlicher Schachzug. Wenn er mißlingt, hat sie verspielt. Elisabeth weiß jedoch, Maria hat jetzt nicht Zeit, sich mit ihrer Gesundheit zu beschäftigen. Sie muß ihren gefährdeten Thron verteidigen. Vierzehn Tage schwebt er wirklich in Gefahr. Elisabeth hat Zeit gewonnen.

Wyatt ist es inzwischen gelungen, bis zur City vorzudringen. Doch in einem verzweifelten Angriff wird er von Marias Truppen zurückgeschlagen. Die Tore von London schließen sich. Fast alle seine Getreuen werden niedergemetzelt oder gefangen genommen. Wer sich noch retten kann, rettet sich. Für Wyatt gibt es keine Flucht. Er übergibt freiwillig seinen Degen einem Offizier der Königin, Sir Moritz Berkeley. Der Sieg der Königin ist vollkommen. Sir Thomas Wyatt, dessen Vater einst Anna Boleyn in Versen besungen hat, kommt in den Tower.

Und doch hing es nur an einem Haar, und der Sieg wäre sein gewesen. Einige der Insurgenten zogen nach Whitehall, schossen mit Pfeilen in die Fenster des Schlosses, in dem sich die Königin befand. Es entstand eine wahre Panik unter den Leuten Marias. Sie schienen den Kopf verlieren zu wollen. Wäre Wyatt zur Stelle gewesen, er hätte mit Leichtigkeit die Königin und ihren Hof gefangen nehmen können. Er schlug sich inzwischen aber mit Pembroke in der City herum. Als er endlich mit kaum 300 Mann vor Ludgate ankam und mit den listigen Worten Einlaß begehrte: „Die Königin geht auf unser Verlangen ein. Sie hat uns verziehen!“, da trieb ihn Lord William Howard mit dem Rufe zurück: „Fort, Verräter! Hier kommst du nicht herein!“ Maria hatte den Mut ihrer Leute durch ihre eigene Unerschrockenheit wieder angefacht. Als sie von einem Fenster aus den Tumult und die Schwäche der Ihren vor Whitehall bemerkte, soll sie gesagt haben:

„Ich will hinunter gehen und mit denen gemeinsam sterben, die mich nicht verlassen.“ Das hatte gewirkt. Diese mutige Frau, ihre Königin, konnten die Engländer nicht im Stich lassen.

Neuntes Kapitel. Im Tower

Während des ganzen Aufstands wartet Maria vergebens auf eine Nachricht Elisabeths. Sie bleibt krank und kommt nicht. In Ashridge verschanzt sie sich wie in einer Festung. Ihre Leute sind alle bewaffnet. Sie will auf jedes Ereignis, wie es auch sei, vorbereitet sein.

Inzwischen aber hat sich ihre Lage und die Meinung über sie im Lager der Königin ungeheuer verschlechtert. Das Glück ist Elisabeth diesmal nicht hold. Erstens wird ganz zu Anfang der Ereignisse ein Brief Wyatts an sie aufgefangen, worin er ihr seinen siegreichen Einzug in Southwark mitteilt. Dann findet man bei dem in Gravesend verhafteten Kurier des französischen Gesandten Noailles die Abschrift eines Briefes Elisabeths an die Königin Maria, in französischer Übersetzung. Es ist die Antwort auf Marias Mitteilung ihrer Heirat mit Philipp, hat also im Grunde nichts mit der Verschwörung zu tun. Immerhin, was hat dieser Brief Elisabeths in der diplomatischen Korrespondenz des Gesandten Heinrichs II. zu tun? Elisabeth ist indes in diesem Fall unschuldig. Einer ihrer Diener hat den Brief in die Hände der Franzosen geschmuggelt.

Auch die Depeschen des französischen Gesandten an seinen Hof sind höchst kompromittierend für Elisabeth. Es geht deutlich daraus hervor, daß die französische Partei hofft, die Prinzessin, um die sich in Ashridge ein Hof ergebener Bewunderer und Anhänger schart, an die Spitze der Regierung zu setzen. Sie sind bei der geringsten Gelegenheit bereit, sie als ihre Königin auszurufen und anzuerkennen. Noailles verhehlt seinem Gebieter nicht, daß „die Sachen außerordentlich gut stehen – Gott sei Dank! Bald hofft er auch Heinrich II. noch bessere Nachrichten geben zu können“, und man möge nur ja die nach Frankreich geflüchteten Engländer gut behandeln. Der Aufstand in London bereite sich glänzend vor.

Nun das waren wohl Gründe genug, Marias Mißtrauen gegen ihre Schwester zu verstärken, besonders, als sie durch die Ereignisse die meisten Punkte bestätigt fand. Der Kanzler Gardiner war vollkommen überzeugt, Elisabeth konspiriere mit den Franzosen. Marias Ratgeber drängten, nicht eine Minute Zeit mehr zu verlieren, um die Verdächtige aus der Welt zu schaffen. Umsomehr, da Wyatt im Tower sowohl Courtenays als auch Elisabeths Namen genannt hatte. Da die Prinzessin nicht freiwillig kam, mußte man sie mit Gewalt nach London bringen.

Am 12. Februar ist Marias Entschluß gefaßt. Sie wählt drei Herren ihres Hofes, Lord William Howard, Sir Edward Hastings und Sir Thomas Cornwallis und sendet sie mit dem Befehl an Elisabeth, sie sofort mitzunehmen. Zwei Ärzte der Königin begleiten sie. Der eine davon, Dr. Wendy, kennt Elisabeth seit ihrer Kindheit. Er hat sie in Catherine Parrs Hause des öfteren behandelt. Eine zahlreiche Bedeckungsmannschaft sieht ganz danach aus, als handle es sich hier um eine schwere Verhaftung. Gemildert wird der königliche Befehl höchstens durch die Wahl des Führers dieser Schergen Marias: Lord Howard ist der Onkel Elisabeths.

Nachmittags, gegen 4 Uhr, treffen sie in Ashridge ein. Ohne weitere Umstände, die Kammerfrauen und Diener beiseite schiebend, betreten die drei Staatsräte der Königin das Krankenzimmer der Prinzessin. Sie liegt zu Bett. Diesmal ist sie wirklich krank und elend. Ihre Glieder sind geschwollen. Ihr Gesicht ist totenbleich – vor Angst. Der Schrecken über den Befehl Marias in dieser Form lähmt sie vollends. Sie macht den Herren mit matter Stimme klar, sie könne unmöglich in diesem Zustand, in dem sie sie sähen, reisen. Howard besteht auf der Ausführung des strengen Befehls Marias. Um alle Beschwerden für die Kranke auf der Reise zu erleichtern, habe man die Sänfte der Königin mitgebracht. Dann werden die beiden Ärzte herbeigerufen. Sie erklären, Elisabeth sei nicht so schwer krank, daß sie transportunfähig wäre. Sie muß sich also fügen und die Sänfte besteigen. Man gewährt ihr nur noch die Nacht zur Vorbereitung. Der Abschied am Morgen von ihren Dienern und Höflingen ist herzzerreißend. Sie weinen und klagen. Sie sehen für ihre Herrin das Schlimmste voraus. Niemand zweifelt daran, daß sie in den Tower kommt. Vielleicht nie wieder die Freiheit erlangt. Sicher ist auch Elisabeth von den gleichen Befürchtungen befangen. Angst und Mutlosigkeit erhöhen ihre körperliche Schwäche. Auf der Reise fällt sie öfter in Ohnmacht. Auf dem nicht allzu langen Wege nach London ist sie gezwungen, viermal zu übernachten. Die drei Begleiter sehen selbst ein, daß sie das nötig hat.

In Highgate muß Elisabeth längere Rast machen. Sie kann vor Schwäche nicht weiter. Kein Wunder. Auf ihrem Wege hat sie erfahren, daß Jane Grey am selben Tage hingerichtet wurde, an dem sie von Ashridge abreiste. Für Suffolks Hinrichtung ist alles bereit. Die Folterungen und Verbrennungen ihrer Glaubensgenossen in London verbreiten Schrecken und Angst. Elisabeth ist mehr tot als lebendig. Wohin begibt sie sich? Erwartet sie selbst nicht das gleiche Schicksal? Ihre Blässe ist so auffallend, daß die einen glauben, man habe ihr Gift gegeben, um sie noch vor ihrer Ankunft in London aus dem Wege zu räumen. Die anderen verbreiten dieselben Gerüchte wie vor sechs Jahren: Elisabeth ist schwanger! Daher ihre geschwollenen Glieder und ihre große Schwäche!

Innerlich hat sie wenig Hoffnung, diesmal heil aus dem Netz der Spinne herauszukommen. Aber auch jetzt wieder bewahrt sie trotz aller Herzensangst eine bewunderungswürdige äußere Ruhe. Dieses zwanzigjährige Mädchen besitzt eine Seelenstärke, wie sie der mutigste Mann nicht immer zeigt. Nicht nur ihr Leben ist bedroht. Nein, auch wieder ihre Ehre! Und so entschließt die junge Elisabeth sich zum zweitenmal, in ihrem Leben der Verleumdung zu trotzen und sich den Londonern so zu zeigen wie sie ist.

Nachdem sie sich in Highgate durch einige Tage Ruhe von ihren körperlichen Leiden, mehr aber wohl von ihren seelischen Ängsten ein wenig erholt hat, verläßt sie das auf einer Anhöhe im Nordosten bei London gelegene Highgate in einer offenen Sänfte. Sie ist ganz weiß gekleidet. Die Blässe ihres Gesichts wird von dem goldroten Haar noch stärker betont. Ihre Haltung ist königlich. Hochmütig und stolz. Vollkommen beherrscht. Unter diesem kühlen unnahbaren Äußern aber verbirgt sie die innere Angst vor dem ihr nahen Tod.

11. Jane Grey; Zeitgenössischer Stich

Zwischen Highgate und London kommt in diese innere Verzagtheit wieder ein Schimmer von Hoffnung und ein ganz klein wenig Freude. Eine Menge Ritter, junge Lords, reiten ihr entgegen, um ihr einen öffentlichen Beweis der Freude über ihre Ankunft zu geben. Zweihundert Edelleute der Königin in roten Samtröcken eskortieren Elisabeths Einzug in die

Hauptstadt. Es sieht beinahe so aus, als ziehe eine neue junge Königin in London ein. Und doch ist sie eine Gefangene.

Die Menge steht in stummem Schweigen. Die meisten Frauen weinen. Auch die Männer sind traurig beim Anblick der Prinzessin. Man ist überzeugt, auch sie wird ihr Leben hergeben müssen, weil ein Fremder das Herz der Königin erobert hat und man für seine Ruhe fürchtet, wenn Elisabeth lebt. Der Mut der Prinzessin sinkt von neuem, als sie London durchzieht. Ein Ort des Schreckens. Es haben fürchterliche Blutbäder stattgefunden. Auf den Stadtmauern spießen die Köpfe der Hingemordeten. An den Galgen hängen noch Fetzen von menschlichen Gliedern. Schaudernd wendet Elisabeth die Blicke davon ab. Und doch gelingt es ihr – obwohl sie als Gefangene der Königin kommt – mit einer Art Triumph vor Maria zu erscheinen.

Diese Sicherheit der Prinzessin und der beinahe ehrenvolle Empfang, der ihr von der Bevölkerung bereitet wurde, scheinen Maria in ihren Maßnahmen zunächst wieder schwankend gemacht zu haben. Sie weist Elisabeth vorläufig Whitehall zum Aufenthalt an. Es ist natürlich trotzdem ein Gefängnis, denn die junge Prinzessin wird scharf bewacht. Immerhin, nach den Ratschlägen Renards und anderer ihrer Freunde, hätte Maria ihre Schwester sofort in den Tower werfen sollen. Sie steht noch davon ab. Elisabeth soll sich vorerst ihr gegenüber rechtfertigen. Man unterzieht sie sofort einem scharfen Verhör. Sie soll eine genaue Schilderung der Ursachen des Aufstands Wyatts geben, von seinen Plänen und Absichten berichten. Sie kann es nicht. Man hat sie nicht eingeweiht in die Geheimnisse. Sie beteuert immer wieder ihre Unschuld. Sie wisse nichts und habe keinerlei Kenntnis über die stattgefundenen Ereignisse. Ihre Geschicklichkeit in der Beantwortung der sehr verfänglichen Fragen ist groß. Es ist weder etwas aus ihr herauszubringen noch ihr etwas nachzuweisen. Man sagt ihr auf den Kopf zu, sie habe von Wyatt zwei Briefe erhalten und sie auch beantwortet. Elisabeth entgegnet kühl und sachlich: „Der Verräter Wyatt konnte es vielleicht wagen, an mich einen Brief zu schreiben und abzusenden. Aber, auf mein Wort, nie habe ich einen von ihm erhalten!" Vielleicht sprach sie die Wahrheit, vielleicht auch nicht. Es ist nie festgestellt worden. Eine mündlich gegebene Antwort ohne Zeugen ist ja nicht nachzuweisen. Nachdem man sie vierzehn Tage lang mit allen möglichen Fragen gequält hat, beschließt die Königin ihr zu gestatten, wieder nach Ashridge zurückzukehren. Da stellt sich eine neue Anschuldigung ein. Es verbreitet sich das Gerücht, ein Mitverschwörer Wyatts habe Elisabeth in einem Armband den ganzen Plan der Verschwörung mitgeteilt.

Am 15. März wird sie daher zu Maria nach Hampton Court gebracht. Die Haft ist verschärft. Umsonst wendet sie sich an das Herz der Schwester, umsonst an ihre Gerechtigkeit. Maria ist seit dem Aufstand noch härter, unerbittlich geworden. Sie straft in grausamster Weise ohne Unterschied. Nun hat sie sich auch von ihren Ratgebern überzeugen lassen, daß Elisabeth mit den Rebellen im Einverständnis gewesen sei. Sie muß in den Tower. Die Einwände einiger Staatsräte gegen diesen furchtbaren Befehl hört sie kaum. Im Gegenteil, die Tochter Heinrichs erwacht in Maria. Sie erinnert sich, was er an ihrer Stelle getan hätte. Er schickte ohne Verhör, ohne Verteidigung jeden Verräter aufs Schafott. Er schreckte nicht einmal davor zurück, seine eigenen Frauen dem Henker zu überliefern. Sie aber hatte sich lange genug von ihrer Schwester nasführen lassen. Nur die grausamste Strenge scheint ihr am Platze. Auch Courtenay, den sie bis jetzt bei jeder Gelegenheit ausgezeichnet hat, wandert in den Kerker. Es ist ihr vollkommen klar: nicht Jane Grey wollten sie wieder auf den englischen Thron setzen, sondern Elisabeth mit diesem königlichen Abkömmling, den sie erst vor kurzem zum Herzog von Devonshire erhoben hat! Die Beweise seiner Teilhaberschaft an der Verschwörung häufen sich und verschärfen Elisabeths Lage. Wyatt hat zwar seine erste Aussage über Elisabeths Wissen um die Dinge inzwischen stark abgeschwächt, doch Jane Greys Vater, der Herzog von Suffolk, erklärt in seinem Gnadengesuch an die Königin, der Putsch sei unternommen worden, um Maria zu entthronen und Elisabeth, nicht Jane, zur Königin zu proklamieren. Von ihm aus war es eine glatte Lüge, denn er hatte nur seiner Tochter Interessen im Auge, wäre der Aufstand geglückt. Andere, wie der ehemalige Sekretär Eduards VI., William Thomas, geben zu, es sei geplant gewesen, Maria zu ermorden. Die Insurrektion sei von Frankreich mit Geld reichlich unterstützt worden.

Am 15. März fällt das Urteil im Monstreprozeß gegen Wyatt vor den Richtern in Westminster unter dem Vorsitz des Grafen von Sussex. Wyatt gesteht seine Schuld an der Revolte ohne weiteres ein, verteidigt sich indes energisch gegen die Anklage, den Tod Marias befürwortet zu haben. Er habe nur ein Ziel dabei verfolgt: England vor dem fremden Einfluß, vor den Spaniern zu bewahren. Er hoffe, die Königin werde ihm Gnade angedeihen lassen. – Er wird zum Tode verurteilt. Maria hatte keinen Grund, ihn zu begnadigen. Seine Hinrichtung schob man indes noch ein paar Wochen hinaus.

Zuvor will Maria Klarheit über Elisabeths Rolle in dieser verwickelten Intrige haben. Da aus der Prinzessin bis jetzt nichts herauszubekommen war, wird man eben stärkere Mittel anwenden, sie zum Geständnis zu bringen. Der Tower hat schon manchen hartgesottenen Verbrecher mürbe gemacht. Am 16. März, nach der Verurteilung Wyatts, begibt sich der Kanzler Gardiner in Begleitung von neun Mitgliedern des Staatsrates zu Elisabeth. Ohne Umschweife sagt Gardiner ihr ins Gesicht, sie sei der Mittäter- oder Mitwisserschaft am Verrat Wyatts und seiner Genossen überführt. Man habe alle Beweise dafür.

Elisabeth läßt sich weder durch die Anwesenheit der zehn hohen Würdenträger noch durch des Lordkanzlers schroff ausgesprochene Anklage verblüffen. Sie verhält sich ruhig, stolz und abweisend. “Niemals“, sagte sie, „habe ich Kenntnis von den Plänen und Absichten dieser Verschwörer gehabt.“

Gardiner glaubt ihr kein Wort. Er geht geflissentlich über ihre positiv gegebene Antwort hinweg. Er rät ihr, der Königin reuevoll die ganze Geschichte zu gestehen und sie um Verzeihung zu bitten. Elisabeths Gesichtsausdruck wird immer kälter. Eisig und hochmütig erwidert sie:

„Sich der Königin anvertrauen, heißt mit anderen Worten, ein Verbrechen eingestehen. Verzeihung aber gibt es nur für Schuldige. Man soll mir beweisen, daß ich schuldig bin. Dann erst, aber nur dann, werde ich Ihren Rat befolgen."

Gardiner und seine Kollegen ziehen sich einigermaßen konsterniert zurück. Man hat sich wieder einmal verrechnet. Der Lordkanzler hoffte durch sein persönliches Erscheinen dem jungen Mädchen Angst einzujagen, es zu einem Geständnis zu bringen. Die Folgen wären für Elisabeth die schlimmsten gewesen. Aber auch so sorgt Gardiner dafür, daß die Königin den Schlag ausführt. Am selben Tag beschließt Maria endgültig die Einkerkerung ihrer Schwester in den Tower. Sie läßt ihr diesen Beschluß sofort durch die gleiche Abordnung von Staatsräten mitteilen.

Elisabeth vermag zuerst diese Botschaft nicht zu fassen. Es ist doch nicht möglich, daß ihre Schwester sie wie eine gewöhnliche Verbrecherin behandelt? Sie ist unschuldig, sagt sie von neuem den Räten. Sie ist eine englische Prinzessin. Sie kenne die Königin als gerechte Frau. Unmöglich sei es ihr Wille, sie in dieses furchtbare Gefängnis zu bringen, das nur für Verräter und die gemeinsten Verbrecher bestimmt sei. Die Herren möchten zurückkehren und die Königin darum bitten, daß man ihr diese entsetzliche Schmach erspare.

Es nützt ihr nichts. Der Befehl ist strikt. Er muß ausgeführt werden. Man entläßt Elisabeths Dienerschaft. Einige werden durch Leute aus der Umgebung der Königin ersetzt. Das Schloß wird für die kommende Nacht mit Wachen umgeben. Am nächsten Tag, am 17., erscheinen Graf Sussex und einige andere Mitglieder des Staatsrates. Nur Sussex beugt das Knie vor Elisabeth. Sie tut ihm leid. Er hat von der Königin Befehl, sie abzuholen – als Gefangene. Ein offenes Boot erwartet sie auf der Themse. Um Aufsehen und eventuelle Auflehnung der Bevölkerung zu vermeiden, wird Elisabeth auf dem Wasserweg nach dem Tower gebracht.

Heute nimmt sie die Unglücksbotschaft äußerlich kalt auf. Doch sie bittet noch um ein wenig Zeit, ihre Sachen zu ordnen. Gardiner widersetzt sich dem. Man habe keine Minute zu verlieren. Das Wasser der Themse steige. Später könne man nicht mehr durch die Brücke passieren. Auch die Bitte, noch eine letzte Zusammenkunft mit der Königin zu haben, wird ihr abgeschlagen. Dann wolle sie ihr wenigstens schreiben, erklärt Elisabeth. Hofft sie auf ein Wunder, auf Rettung von irgend einer Seite?

Graf Sussex erbarmt das junge, einer grausamen Rache ausgelieferte Weib. Am liebsten hätte er sich des peinlichen Auftrags der Königin entzogen. Er gewährt Elisabeth diese letzte Bitte, während Winchester zornig Einwand erhebt. Elisabeth beachtet ihn nicht. Sie hört nur auf Sussex. Sie schreibt an Maria:

> „Wenn je der Ausspruch auf Wahrheit beruht, daß das Wort eines Königs mehr wert sei als der Eid eines gewöhnlich Sterblichen, so bitte ich Eure Majestät untertänigst, es mir gegenüber zu beweisen und sich Ihres letzten Versprechens und meiner letzten Bitte zu erinnern. Sie versprachen mir, daß ich nicht ohne sicheren Beweis und ohne mich angehört zu haben, verurteilt werden solle. Und was geschieht jetzt mit mir? Ohne daß man mir das Geringste nachweisen kann, erhalte ich von Ihrem Rat in Ihrem Namen den Befehl, mich in den Tower zu begeben, jenen Ort, der wohl für einen gemeinen Verräter, aber nicht für eine treue Untertanin paßt. Daß ich das nicht verdient habe, weiß ich selbst nur zu gut. Aber in den Augen ganz Englands scheint mein Verbrechen dadurch bewiesen. Lieber würde ich Gott bitten, mich des schändlichsten Todes sterben zu lassen, den je ein Mensch erlitten, als derartig schlechte Absichten zu hegen.
>
> Zu dieser Stunde schwöre ich vor Gott (der allein meine wahre Gesinnung kennt), daß ich niemals etwas, was es auch sei, zum Schaden Ihrer Person gutgeheißen oder geraten, oder den Staat gefährdet habe! Deshalb bitte ich demütig, Eure Majestät möge mir erlauben, mich vor Ihnen selbst zu verantworten, anstatt mich der Willkür Ihrer Räte zu überlassen. Wenn möglich, noch ehe ich den Tower betrete, oder wenigstens bevor ein Urteil gegen mich gesprochen wird. Doch, ich bin sicher, Eure Hoheit wird mir diese Aussprache gestatten, ehe ich gehe, damit ich nicht die Schande erlebe, von den Leuten angeschrien und verhöhnt zu werden –

freilich ohne Grund. – Wenn doch Eure Majestät der Stimme Ihres Gewissens folgten und einen besseren Weg fänden, als mich den Blicken aller dieser Männer (den Richtern) auszusetzen, noch ehe man weiß, ob ich es verdient habe! Ich bitte Eure Hoheit demütig, mir meine Kühnheit zu verzeihen. Nur meine Unschuld gibt mir die Kraft dazu, und die Hoffnung auf Ihre angeborene Güte. Ich bin überzeugt, Sie werden mich nicht ins Verderben stürzen, ohne es verdient zu haben. Am meisten bitte ich Gott, daß Sie genaue Kenntnis von allem, was war, erhalten. Meiner innersten Überzeugung nach werden Sie durch die Berichte anderer niemals genau darüber instruiert, sondern einzig und allein, wenn Sie sich selbst davon überzeugen, nachdem Sie mich angehört haben.

Ich kenne viele Leute in dieser Zeit, die nur deshalb ins Unglück gestürzt wurden, weil man ihnen nicht gestattete, sich vor ihrem Herrscher persönlich zu verantworten. Von Mylord Somerset hörte ich sagen, sein Bruder wäre nie hingerichtet worden, wenn man ihm gestattet hätte, sich mit ihm auszusprechen. Man führte indes derartig viele Argumente an, daß Somerset schließlich glaubte, seines Lebens nicht mehr sicher zu sein, so lange sein Bruder lebte. Daraufhin entschied er sich, dessen Hinrichtung zu befürworten. Natürlich vergleiche ich Eure Majestät nicht mit diesen Leuten. Aber ich bete zu Gott, er möge nicht gestatten, daß schlechte Beweisgründe gleichfalls eine Schwester gegen die andere beeinflussen, nur weil man sie falsch unterrichtet, nicht die Wahrheit hat hören wollen.

Und daher noch einmal: Im Geiste liege ich auf den Knien in der ganzen Demut meines Herzens, da es mir nicht gestattet ist, wirklich vor Ihnen niederzuknien. Ich flehe Sie an, Majestät, mir eine Audienz zu gewähren! Ich würde nicht so kühn sein und sie zu wünschen wagen, wenn ich mich nicht so sicher und wahrheitsgetreu fühlte ...

Ich verbleibe Eurer Hoheit treueste Untertanin, die ich von Anfang an gewesen bin und bis an mein Ende sein werde.

Elisabeth.

PS. Ich beschwöre Sie, senden Sie mir nur ein Wort von Ihrer Hand!“

Dieses trotz aller Festigkeit, Klarheit und Sachlichkeit des Ausdrucks ohne Zweifel in Todesangst verfaßte Schreiben Elisabeths hat keinen anderen Erfolg, als daß sie 24 Stunden Zeit gewinnt, ehe sie wirklich das Boot besteigt, das sie in den Kerker führt. Maria hat ihr die Audienz auf Anraten Renards nicht gewährt. Am Palmsonntag, als alle Leute mit ihren Palmen in der Hand in den Kirchen Londons versammelt sind, gleitet heimlich, in aller Stille, die Barke mit ihrer unglücklichen Passagierin über die Themse. Es ist ein grauer, häßlicher Regentag. Der Wind peitscht der Prinzessin in dem offenen Boot ins Gesicht. Sie scheint es nicht zu fühlen. Sie sitzt, den Blick starr auf das andere Ufer gerichtet. Vor siebzehn Jahren hat Anna Boleyn denselben Weg unter denselben Umständen zurückgelegt. Nur sie landete in der Nacht am Tor der Verräter. Elisabeth erreicht es am Morgen. In der Barke mit ihr befinden sich Lord Winchester, Graf Sussex, drei ihrer eigenen Frauen und drei Frauen der Königin, ferner ein oder zwei Diener Elisabeths.

Ein Schauder erfaßt die junge Prinzessin, als sie nach kurzer Fahrt die Silhouette des Tower erblickt. Vor einem Jahr noch hatte sie nicht im entferntesten an seine doppelte Bestimmung gedacht. Da war sie an der Seite Marias durch die jubelnde Menge an ein anderes Tor des Schlosses gezogen. Und jetzt? Jetzt landete sie in einer Barke an den Stufen jenes Einganges, durch den vor ihr zwar viele Unschuldige eintreten mußten, aber die meisten hatten sich eines Verbrechens, eines Verrats, vielleicht eines Mordes schuldig gemacht. Was hat sie getan? Was kann man ihr nachweisen? Sie zittert vor Kälte und Nässe, aber auch vor innerem Grauen, einen Ort betreten zu müssen, aus dem sie vielleicht nie wieder herauskommt.

Sie sind am Ziel. Der Regen klatscht. Einer der Lords bietet ihr seinen Mantel, um sie vor allzu großer Durchnässung beim Aussteigen zu schützen. Elisabeth zögert, ihren Fuß auf die erste Stufe ihres zukünftigen

Kerkers zu setzen. Mit einer hochmütigen Gebärde schleudert sie den ihr angebotenen Mantel von sich. Sie hat nicht vergessen, daß man ihr die Zusammenkunft mit Maria verweigerte. Sie steht in Regen und Wind, ohne jeden Schutz. Plötzlich erhebt sie ihre Augen. Sie betet: „Vor dir, mein Gott, bekenne ich, daß ich keinen anderen Freund habe, als dich allein. Nie schritt eine so treue Untertanin als Gefangene über diese Stufen, wie ich."

Eine Menge Wächter und Soldaten stehen vorschriftsmäßig in Reih und Glied, um die hohe Staatsgefangene in Empfang zu nehmen. „Was bedeutet das?", fragt Elisabeth.

„Ich brauche nicht bewacht zu werden." Kaum hat sie das gesagt, so beugen alle vor ihr das Knie. Viele der Beamten weinen. Sie büßen am nächsten Tag ihre Ergebenheit für die Prinzessin mit Entlassung oder harter Strafe.

Lange braucht Elisabeth, ehe sie sich entschließt, durch das Tor zu schreiten. Sie setzt sich auf einen der Steine, die am Eingang von der Themse umspült werden. Es regnet noch immer. Graf Sussex nähert sich ihr. Besorgt rät er, sie solle sich nicht auf den kalten nassen Stein setzen. Sie könne krank werden.

„Besser hier im Regen als drinnen in dem schrecklichen Ort zu sitzen", meint sie. „Gott allein weiß, wohin Ihr mich schleppt."

Einer ihrer Diener weint. Als sie es bemerkt, sagt sie, wie um allen Mut zu machen:

„Meine Sache steht so, daß niemand darum zu weinen braucht."

Schließlich erhebt sie sich und betritt ihr Gefängnis.

Hinter ihr schließt sich das Tor und wird verriegelt. Wie lange? Niemand weiß es. Gott allein weiß es. Elisabeth läßt sich ihr Gebetbuch bringen. Sie betet.

Ihre Ruhe und Geistesgegenwart verliert sie auch in dem strengen Gewahrsam nicht. Man unterzieht sie qualvollen Verhören. Man sucht fortwährend nach neuen Beweisen ihrer Mitschuld. Man foltert und peinigt die im Tower schmachtenden Genossen Wyatts, damit sie zum Nachteil Elisabeths noch etwas gestehen. Das englische Volk soll überzeugt werden, wie gerechtfertigt die Gefangenschaft der Prinzessin und vielleicht ihre spätere Hinrichtung sei. Maria und die spanische Partei sind eifrig am Werk, jeden zu verdächtigen, der nur einigermaßen Stellung für die Gefangene nimmt. Zwei ihrer Frauen werden von ihr entfernt, weil sie sich weigern, die Messe anzuhören. Elisabeth weiß nicht, welche Strafe ihnen dafür bevorsteht. Sie selbst sträubt sich nicht, sich täglich den katholischen Kirchenzeremonien zu unterziehen. Sie schützt ihr Leben durch die eigene Klugheit. Sie gehorcht. Alles, was man von ihr in religiösen Dingen verlangt, tut sie ohne Widerrede. Damit nimmt sie von vornherein der Königin den Vorwand, sie der Religion wegen verfolgen und verurteilen zu können. Maria soll den Triumph nicht genießen, ihre Schwester als Ketzerin dem Henker zu überliefern.

In den ersten vier Wochen darf Elisabeth den Raum nicht verlassen, in dem man sie eingesperrt hat. Sir John Gage, der damalige Gouverneur des Tower versucht auf alle mögliche Weise, durch kleinliche Quälereien ihr Leben unangenehm zu gestalten. Elisabeth berührt es nicht. Sie schweigt zu allem. Nur, wenn man sie des Verrates an Maria beschuldigt, dann redet sie. Sie redet in ihrer gewohnten arrogant-stolzen Weise. Eines Tages bringt Gardiner ihr James Croft. Durch diese Konfrontierung hofft er, Elisabeth zusammenzubrechen zu sehen. Croft soll ihr, wie erwähnt, gleich Wyatt geraten haben, sich bei Ausbruch des Aufstandes sofort nach ihrer Besitzung Donnington zu begeben.

„Nun“, fragt Gardiner höhnisch, „was sagen Sie jetzt zu dem da?“ Elisabeth blickt verächtlich auf den Gefangenen. Dann zu Gardiner:

„Mylord“, sagt sie im Tone einer beleidigten Königin, „Sie nehmen den geringsten der Gefangenen zum Zeugen gegen mich. Damit tun Sie mir im höchsten Maße Unrecht. Wenn diese Leute Böses getan und die Majestät der Königin angegriffen haben, so ist es ihre Sache, sich dagegen zu verantworten. Mich aber, Mylord, lassen sie aus dem Spiele und vergleichen Sie mich nicht mit dieser Sorte Verbrecher. Was jedoch meine angebliche Reise nach Donnington angeht, so erinnere ich mich zwar, ein

Schloß solchen Namens zu besitzen, aber seit ewigen Zeiten war ich nicht dort."

Und zu Croft gewendet – er hatte vor dem Aufstand in ihren Diensten gestanden – fügt sie hinzu: „Allerdings fällt mir ein, daß Sie, Sir James Croft, sowie mein Haushofmeister und meine Offiziere mir davon sprachen, nach Donnington zu gehen." Und wieder zu Gardiner: „Doch was hat das zu bedeuten, Mylord? Steht es mir nicht frei, mich jederzeit auf eins meiner Schlösser zurückzuziehen?"

Sie fasziniert durch ihre Haltung – wahrscheinlich aber auch durch ihre Jugend – alle anwesenden Männer. Sowohl Croft, den sie ja eigentlich durch die Art, wie sie von „dieser Sorte von Verbrechern" sprach, verletzt hat, als auch einige Staatsräte knien vor ihr nieder. Sie bitten Elisabeth um Verzeihung wegen all der Scherereien, die man ihr bereitet. „Ja", sagt sie, „Ihr peinigt mich allerdings bis aufs Blut mit allen diesen Dingen. Aber ich hoffe, Gott wird Euch allen verzeihen."

Nachdem Elisabeth einen Monat lang in strengstem Gewahrsam verbracht hat, ist man in der Untersuchung ihrer Schuld nicht einen Schritt weiter gekommen. Die vorgebrachten Beweise genügen nicht, sie des ihr zur Last gelegten Verbrechens zu überführen. Ihr körperliches Wohlbefinden – nicht ihr Geist – ist durch die lange Haft geschwächt. Man gestattet ihr daher, eins der königlichen Zimmer im Tower zu bewohnen, wo sie sich mehr pflegen kann. Aus den Fenstern zu schauen ist ihr jedoch verboten. Sie sind verschlossen. Ein Kammerherr und drei Frauen der Königin bewachen Elisabeth streng. Als sie dann auch die Erlaubnis erhält, in einem kleinen Garten eine Stunde am Tage spazieren zu gehen, werden alle übrigen Gefangenen des Tower, deren Kerker nach diesem Garten gelegen sind, durch aufgestellte Wachen verhindert, sich den Fenstern zu nähern, um jeden Kontakt zwischen ihnen und der hohen Staatsgefangenen zu verhindern. Der geringste Verdacht genügt, Elisabeths relative Freiheit wieder zu beschränken. Der kleine Sohn eines Beamten des Tower begegnet ihr bisweilen im Garten. Es ist ein hübscher fünfjähriger Junge. Elisabeth plaudert manchmal mit ihm. Der Kleine bringt ihr beinahe täglich ein paar Blumen. Vielleicht hat sein Vater oder seine Mutter ihm die Anweisung dazu gegeben. Vielleicht hat das Kind auch ganz aus eigener Initiative gehandelt, um der freundlichen, aber doch sehr traurigen Dame eine Freude zu machen. Der Lordkämmerer aber wittert Verrat. Es wird dem Kinde untersagt, sich Elisabeth noch einmal zu nähern. Man vermutet, es handelt im Auftrage Eduard Courtenays und es bestehe eine geheime Verbindung zwischen ihm und der Prinzessin. Der Kleine ist trostlos. Elisabeth kann sich die Ursache seines plötzlichen Fernbleibens wohl denken. Eines Tages, als sie wieder zur gewohnten Stunde im Garten spazieren geht, hört sie eine Kinderstimme durch die Ritze des einen der hölzernen Tore flüstern: „Mylady, ich darf Ihnen keine Blumen mehr bringen." Für den Vater des Knaben endet diese Episode mit Entlassung und Bestrafung.

Inzwischen ist auch Wyatt am 11. April hingerichtet worden. Bevor sein Haupt fiel, redete er die sein Blutgerüst umstehende Menge an. Mylady Elisabeth sei gänzlich unschuldig an irgendwelcher Teilnahme seiner Pläne. Weder sie noch Courtenay seien vorher in die Verschwörung eingeweiht gewesen. Wie ein Lauffeuer verbreitet sich sofort das Gerücht, Elisabeth sei durch Wyatt vollständig rehabilitiert und werde wohl noch zu dieser Stunde aus dem Tower entlassen werden. Zwei dieser unglücklichen „Berichterstatter" werden auf Befehl Marias daraufhin an den Pfahl gebunden und ihre Ohren mit Nägeln daran befestigt. Das Geständnis Wyatts zur Entlastung ihrer Schwester kommt der Königin höchst ungelegen. Sie und ihre spanischen Freunde hätten es lieber gesehen, wenn Wyatt Elisabeth in letzter Stunde noch hinein gerissen hätte. Maria ist sich wohl bewußt, daß die Meinung des ganzen englischen Volkes auf seiten ihrer Schwester steht.

Diese Volksstimmung spricht sich auch im Prozeß Throckmortons aus, der am 17. April stattfindet. Aus Mangel an Beweisen wird Sir Nicolas von dem Londoner Geschworenengericht vom Hochverrat freigesprochen. Die Königin ist darüber so wütend, daß sie sämtliche Richter verhaften und einsperren läßt. Einige unter ihnen werden monatelang im Kerker festgehalten oder zu ungeheuren Geldbußen verurteilt, weil sie nicht eingestehen, daß sie sich geirrt haben. Sir Nicolas Throckmorton verläßt trotz seines Freispruchs den Tower auch erst nach einem Jahr. Er hat sich in einem Schriftsatz ausdrücklich dagegen verwahrt, daß seine Aussagen nicht zum „Nachteil und zum Schaden hoher Persönlichkeiten“ verdreht werden dürften. Möge ihm selbst geschehen, was da wolle. Elisabeth weiß ihm später Dank für seine Treue. Als ihr Gesandter und Berater ist sein Name zur Genüge bekannt geworden.

Jeder Beweis der Volksmeinung zu Elisabeths Gunsten wird auf die grausamste Art bestraft. Andauernd versucht die Regierung die Stimmung gegen die Prinzessin aufzustacheln. Man bedient sich dazu der scheußlichsten Mittel. Zum abschreckenden Beispiel gegen die Verräter läßt Maria z. B. mehr als sechzig Teilnehmer des Aufstandes in den verkehrsreichsten Straßen Londons aufhängen, und ihre Leichname bleiben nahezu ein halbes Jahr an den Galgen baumeln. Mit solchen Maßnahmen aber erreicht sie gerade das Gegenteil von dem was sie bezweckt. Sie reizt dadurch nur noch mehr die protestantische Bevölkerung zum Widerstand. Vorläufig rächt man sich zwar nur in vereinzelten Fällen durch Hohn und Spott über die bevorstehende spanische Heirat oder über die katholische Religion. Immerhin, alles zusammen ist für Maria beunruhigend. Sie sieht vollkommen klar: Elisabeths Erbfolge ist durch eine starke Stütze des Volkes gesichert.

Maria und ihre Ratgeber sind endlich gezwungen, Elisabeth aus dem Tower zu befreien. Man hat keinen Grund, sie noch länger gefangen zu halten. Die Hofpartei muß den Plan aufgeben, die „Intrigantin und Ruhestörerin“ zu vernichten. Hinrichten kann man sie nicht. Im Tower kann sie nicht bleiben. Das würde das Volk durch die Stimme des Unterhauses nicht dulden. Sie jedoch frei herumlaufen lassen scheint ebenso gefährlich. Wie leicht können die Protestanten einen neuen Putsch mit ihr versuchen. Besonders, wenn die Königin von London abwesend ist. Es taucht wieder die Frage auf, Elisabeth von der Erbfolge auszuschließen. Der Kanzler Gardiner ist dafür, Lord Paget dagegen. Er schlägt vor, sie durch eine Heirat vom Hofe zu entfernen. Vielleicht mit Don Louis de Portugal, der seinerzeit bereits für Maria als Gatte in Betracht gezogen worden war. Oder mit dem Herzog von Savoyen. Diese letzte Verbindung paßt indes Karl V. nicht. Er hätte dem Herzog von Savoyen seine von ihm seit Jahren besetzten Staaten Asti, Vercelli und Fossano zurückgeben müssen. Jedenfalls soll man abwarten, was Philipp bei seiner Ankunft in England mit Elisabeth zu tun gedenkt. Die Vermählung Marias steht nahe bevor.

Elisabeth von England, Jugendbildnis; Zeitgenössischer Stich

Anfang Mai 1554 beschließt das Parlament, hauptsächlich auf Gardiners Fürsprache, die baldige Freilassung Courtenays aus dem Tower. Für Elisabeth hält man es am geratensten, sie zwar auch aus dem Tower zu entlassen, aber in einer Art ehrenvoller Haft zu behalten. Am besten in einem entlegenen Schloß, einer Grafschaft, in der die Bevölkerung treu katholisch gesinnt ist. Einige schlagen Pontefract in der Grafschaft York vor. Es ist das Schloß, in dem Richard II. ermordet wurde. Als Aufenthalt für eine junge Frau besonders geeignet! Die Erinnerung an die grausige Tat soll ihr täglich als „Mene, Mene Tekel" vor Augen stehen. Schließlich aber entscheidet man sich für das Burgschloß Woodstock, nördlich von Oxford. Henry II. hat es im 12. Jahrhundert gebaut. Die Verhandlungen über den zukünftigen Aufenthalt der jungen Prinzessin werden geheim gehalten.

Zehntes Kapitel. Die „ehrenvolle" Haft

Karl V. und sein Sohn Philipp waren mit der Maßnahme der englischen Königin, Elisabeth auf ein entferntes Schloß zu bringen, sehr zufrieden. Was später mit ihr zu tun sei, darüber würden Zeit und Umstände entscheiden. Vorläufig handelte es sich hauptsächlich darum, die Volksmeinung nicht noch mehr gegen die spanische Heirat aufzureizen. Karl V. gab Maria nur den Rat, die gefährliche Schwester nicht aus den Augen zu lassen. Sie solle dem von manchem ihrer Vorgänger gegebenen Beispiel folgen und Elisabeth der strengen Aufsicht einiger zuverlässiger Männer unterstellen. Im Notfall Männern, die unbarmherzig jede Widersetzlichkeit an ihr zu bestrafen wüßten.

Maria entschied sich ganz im Geheimen für Sir Henry Bedingfield, einem strengen Katholiken, zwar biederen, doch ziemlich plumpen und starrköpfigen Edelmann aus Norfolk. Er war für seinen Pflichteifer und seine militärische Zucht bekannt. Als Aufseher einer störrischen Prinzessin also ihrer Meinung nach aufs beste geeignet. Gleich sein erstes

Auftreten in seinem neuen Amt, als Nachfolger des Gouverneurs im Tower, Lord Gage's, muß Elisabeth einen Schrecken einjagen.

Man hat sie über ihr ferneres Schicksal natürlich vollkommen in Unwissenheit gelassen. Am 4. Mai betritt Bedingfield mit 100 Mann seiner Soldaten den Tower. Die zu Tode erschrockene Gefangene denkt nicht anders, als man holt sie zum Richtplatz. Heimlich und ängstlich fragt sie ihre Umgebung,, ob das Schafott Jane Greys wohl abgebrochen sei. Man beruhigt sie darüber. Aber wohin wollen diese Männer sie führen? Sie erfährt nur auf Befragen der Ihrigen, man glaube, Bedingfield habe Befehl, sie nach Woodstock zu bringen. Warum? Was hat man mit ihr vor? Angst und Schauder befallen sie aufs neue. Hat Bedingfield den geheimen Auftrag, sie zu ermorden? Ist ihm eine solche Tat zuzutrauen? Er wäre weder der erste, dem ein derartiger Befehl erteilt wurde, noch sie das erste Opfer in der Geschichte. Sie weiß, zu ihres Vaters und in früherer Zeit ist mancher auf diese Weise für immer von der Welt verschwunden. Was gilt ihrer ehrgeizigen und herrschsüchtigen Schwester ihr Leben? Zwei Monate hat sie sie im Tower gefangen gehalten, abgeschlossen von allem, was draußen in der Welt vorgeht. Elisabeth traut Maria das Schlimmste zu. So vergehen noch vierzehn Tage in grauenhafter Ungewißheit um die Zukunft.

Endlich am 19. Mai ist alles für ihre Entlassung aus dem Tower bereit. Man zieht auch jetzt vor, sie per Schiff wegzuführen, um jede Manifestation von seiten der Londoner Bevölkerung zu vermeiden. Noch am selben Abend trifft sie in Richmond ein, ohne daß ihre Barke vor Westminster, der Residenz Marias, Halt gemacht hat. Außer Bedingfield begleitet sie noch Lord Williams of Thame. Er ist einer ihrer früheren Freunde. Seine Nähe beruhigt sie etwas. Auch daß die Londoner sie nicht vergessen haben, erfreut sie. Man hat ihre Fahrt auf der Themse doch nicht völlig geheimhalten können. Als ihr Boot an den Hansabüros vorbeikommt, werden Freudenschüsse aus Anlaß ihrer glücklichen Befreiung abgefeuert. Denn man nimmt an, Elisabeth sei nun wirklich frei. In Westminster werden diese Salven sehr ungnädig von der Königin aufgenommen. Die spanischen Gesandten berichten es brühwarm Karl V.

Das Gerücht, daß die Königin sich mit ihrer Schwester versöhnt habe, bestätigt sich nicht. Im Gegenteil, Elisabeth wird weiter als Gefangene behandelt. Zwar gebraucht Maria jetzt wieder den Ausdruck „Schwester" für sie, was sie, während die Prinzessin im Tower war, geflissentlich vermied. Auch Elisabeths Bild hängt wieder in Westminster. Es mußte auf Befehl der Königin von der Wand genommen werden, als man die Prinzessin einkerkerte. Dennoch ist Maria weit entfernt von einer Versöhnung.

In Richmond ist es Elisabeth höchst unheimlich. Man trennt sie von ihrer Dienerschaft. Ihre ganze Umgebung flößt ihr Mißtrauen ein. In der Nacht läßt sie einen ihrer Herren rufen. „Ich sterbe gewiß diese Nacht", sagt sie zu ihm. Er tröstet sie so gut er kann. Er ist ja selbst im Unklaren und in banger Verzweiflung, was mit ihr geschehen könne. Dann begibt er sich zu Lord Williams, um sich Gewißheit über das Schicksal seiner jungen Herrin zu holen. Entsetzt über den Verdacht, sagt der Lord: „Wenn je ein so verruchter Vorsatz im Spiele wäre, würde ich lieber zu ihren Füßen sterben."

Elisabeth bleibt indes Tag und Nacht von Soldaten bewacht, in steter Furcht, ihr Leben angetastet zu sehen. Die Freundschaft des französischen Gesandten Noailles wäre ihr beinahe von neuem gefährlich geworden. Als er sie in Freiheit weiß, glaubt er, seine Intrigen weiter spinnen zu können. Er hält es für unbedingt nötig, ihr Mut zuzusprechen und ihr Hoffnung auf glücklichere Zeiten zu machen. Zu diesem Zweck sendet er einen Boten an sie ab unter dem Vorwand, ihr Äpfel zu bringen. Der Bote wird abgefangen und untersucht. Aber er ist so geschickt, sich herauszureden und nichts zu verraten. Die Gefahr geht an Elisabeth vorüber.

Am nächsten Tag bricht man von Richmond nach Windsor auf. Elisabeth, jetzt wieder etwas sicherer geworden, gibt Sir Henry Bedingfield auf der Reise eine harte Nuß zu knacken. Es ist nicht so leicht, der Wächter einer großen Dame zu sein. Er weiß oft nicht ein und aus mit ihr. Einmal ist sie zu erschöpft – sie kann nicht weiter. Ein andermal paßt ihr die langsame Fahrt nicht. Als sie am Ufer der Themse ein paar ihrer verabschiedeten Diener bemerkt, soll man jemand zu ihnen schicken und ihnen sagen lassen: Man führe sie, Elisabeth, gleich einem Lamm zur Schlachtbank. Bedingfield darf es nicht gestatten. Es wäre offene Auflehnung gewesen. Elisabeth ist empört.

In Windsor angekommen, ist sie mit den Zimmern, die man für sie bestimmt hat, höchst unzufrieden. Sie läuft, trotz ihrer noch vor ein paar Minuten behaupteten Schwäche, durch das ganze Schloß, um sich selbst die Gemächer auszusuchen, die ihr passen. Bedingfield ist verzweifelt. Er schreibt sofort an den Rat der Königin und holt Instruktionen ein.

Am folgenden Tag geht die Reise zu Pferd weiter. Durch die englische Landschaft. Die Leute in den Dörfern jubeln ihr zu. Elisabeth wird mit Blumen und Konfekt förmlich überschüttet. In West Wycombe, dem Hause Sir William Dormers, hält sie ein wenig Rast. Man bereitet ihr einen fürstlichen Empfang. Dasselbe geschieht in Ricote, der Besitzung Lord Williams of Thame. Bedingfield selbst berichtet darüber an die Königin. In einem seiner Briefe heißt es: „Sir William Dormers bewirtete Ihro Gnaden aufs beste, sowohl was das Essen als auch das Wohnen betrifft. Von Lord Williams of Thame aber wurde sie in jeder Weise wundervoll empfangen.“ Die Glocken läuten sogar in manchen Dörfern, was eigentlich nur beim Einzug eines Souveräns üblich ist. Viele Edelleute kommen mit ihren Damen nach Ricote, in Lord Williams' Haus, um der jungen Prinzessin, als wäre sie von Gunst und Ansehen umgeben, ihre Aufwartung zu machen. Das stärkt um vieles Elisabeths Selbstbewußtsein.

Auf der Weiterreise nach Woodstock wiederholt sich die Begeisterung der einfachen Landbevölkerung. Überall begrüßen sie die Worte: Gott schütze Eure Gnaden! Daß sie dafür später eingesperrt werden, daran denken sie nicht. Ihre liebe Mylady Elisabeth ist wieder frei! Das ist der einzige Gedanke. Sogar bei der Ankunft in Woodstock scheut sich die Menge nicht, Elisabeth zu feiern, trotzdem man jetzt, in Hinblick auf die vielen bewaffneten Soldaten, die um das Schloß aufgestellt waren, nicht mehr in Zweifel sein kann, daß die Prinzessin als Gefangene kommt.

Man bestimmte zur Wohnung Elisabeths nicht die feste Ritterburg Woodstock selbst, sondern vier kleine Zimmer eines innerhalb ihrer Ringmauern gelegenen Hauses, Gate-House genannt. Es war leichter und sicherer zu bewachen. Bedingfield hat jetzt die alleinige Verantwortung ihrer Person, denn Lord Williams verabschiedete sich am Tage nach der Ankunft von ihr und kehrte nach London zurück.

Maria hat dafür gesorgt, daß ihre Schwester in Woodstock der schärfsten Bewachung und Kontrolle unterstellt ist. Kein Besuch darf sich ihr nähern, ohne daß Bedingfield seine Erlaubnis dazu erteilt. Die Tore werden hinter ihr genau so verschlossen wie im Tower. Um die Mauer laufen Tag und Nacht Wachen. Auf einer Anhöhe in der Nähe der Burg steht eine Abteilung scharfbewaffneter Soldaten, bereit, jeden Versuch zur Entführung oder Entweichung der Prinzessin zu verhindern. Elisabeth ist jeder Briefwechsel streng verboten. Geschenke darf sie ebenfalls nur ausnahmsweise und mit Bedingfields Erlaubnis empfangen. Ihre Dienerschaft beschränkt sich auf das Nötigste. Ihre liebe Kate Ashley ist natürlich nicht darunter. Maria hat mit Recht gegen diese Dame das größte Mißtrauen. Elisabeth behält zwar ihren Schatzmeister Thomas Parry. Doch es ist ihm untersagt, in ihrem Hause zu wohnen. Man wollte ihn anfangs überhaupt nicht in Woodstock lassen, da er jedoch sämtliche finanziellen Geschäfte der Prinzessin geleitet hat, muß man ihn dulden. Er logiert sich ganz in der Nähe von Gate House, im Gasthof „Zum goldenen Ochsen“ ein. Auch einige Diener Elisabeths wohnen außerhalb ihrer Hofhaltung. Natürlich lassen sie diese relative Freiheit nicht unbenutzt. Einer ist unter ihnen, der besonderen Verdacht erregt. Es ist Francis Werne (Verney). Er tritt später in der Verschwörung Kingsdon wieder auf.

Daß das Wirtshaus zum Ochsen sehr bald der Regierung verdächtig wird, ist kein Wunder. Zu Parry kommen eine Menge Leute. Die Freunde Elisabeths gehen aus und ein. Seine und ihre Dienerschaft ist beständig unterwegs von einem Haus zum anderen. Der Schatzmeister hat ja vieles zu fragen und Befehle von ihr zu erhalten! Denn Elisabeth muß aus ihrer eigenen Tasche für die Kosten ihrer Hofhaltung aufkommen, sie muß sogar noch die ihr beigegebenen Leute und Wächter der Königin unterhalten. Bedingfields Verantwortung wird immer größer. Er ist nicht der brutale Kerkermeister, als den ihn viele Historiker und seine Gegner hingestellt haben. Aber er ist ein höchst pedantischer und gewissenhafter Staatsdiener, der genau seine Vorschriften befolgt und keine Ausnahme kennt. Seine hohe Schutzbefohlene macht ihm die Aufgabe keineswegs leicht. Ihrer raffinierten Klugheit ist ein so ehrlicher, aber nicht besonders hellsichtiger Kopf nicht gewachsen. Viele Jahre später denkt sie noch daran, wie es ihr gelungen ist, die Wachsamkeit dieses ehrlichen Bedingfield zu hintergehen. Als Elisabeth die Königin der Schotten in Chartley gefangen hielt und erfuhr, daß der französische Gesandte Chateauneuf mit Maria Stuart in geheimer Verbindung stand, schrieb sie ihm: „Herr Gesandter, Sie unterhalten ein geheimes Einverständnis mit der Königin der Schotten. Doch glauben Sie mir, ich weiß alles, was in meinem Lande vorgeht. Ich bin nämlich zur Zeit meiner Schwester Maria auch Gefangene gewesen und kenne die Schliche, die Gefangene anwenden, um die Diener zu gewinnen und sich geheime Verbindungen zu verschaffen.“

So streng auch Bedingfield sich an die Vorschriften der Königin und des Staatsrates in der Bewachung Elisabeths hält, es gelingt ihr doch, sich vieles von ihm zu erschmeicheln. Seine Ängstlichkeit und Genauigkeit brauchen nur Zeit, um sich der Genehmigung der Regierung zu versichern. Elisabeth wiederum gelangt fast immer durch Hartnäckigkeit und Schlauheit zu ihrem Ziel. Sie verlangt Bücher, eine englische Bibel. Erst werden sie ihr von ihrem Wächter verweigert, dann erhält sie sie doch. Sie besitzt weder Tinte noch Feder, denn das Schreiben ist ihr aufs strengste verboten. Sie möchte indes so gern an die Königin schreiben. Bedingfield darf es ihr nicht gestatten, weil er genauen Befehl vom Staatsrat hat, daß die Gefangene jedes Schreiben an die Königin unterlasse. Dann, meint Elisabeth, wolle sie selbst an den Staatsrat schreiben. Bedingfield muß auch das verweigern. Endlich auf dringende Vorstellung gewährt der Staatsrat ihr die Bitte, einen Brief an Maria zu schreiben. Sir Henry hat es nicht über sich gebracht, der Regierung das Gesuch seiner kapriziösen Gefangenen nicht vorzulegen.

Bedingfield aber steht hinter Elisabeth, wenn sie schreibt. Muß sie ihren Brief unterbrechen, dann wird ihr Tinte und Papier weggenommen. Bedingfield steckt das angefangene Schreiben zu sich und gibt es ihr erst dann zurück, wenn sie Zeit hat, es fortzusetzen.

Der Brief Elisabeths an Maria fällt nicht so aus, wie ihn die Königin erwartet hat. Sie verlangt ein volles Geständnis oder wenigstens eine Bitte um Verzeihung. Doch dazu versteht sich Elisabeth nicht. Nie wird sie ihre Schwester um Gnade anflehen. Lieber will sie ihr Leben lang Gefangene bleiben. Auch Maria gibt nicht nach. Sie antwortet erst zehn Tage später auf diesen Brief, aber nicht Elisabeth persönlich, sondern in einem an Bedingfield gerichteten Schreiben. Sie nennt darin Elisabeths Selbstverteidigung „voll Heuchelei und Schliche“, auf die sie nicht mehr reinfalle. Ihr ganzes Gebaren sei erkünstelt und scheinheilig.

Maria hat nicht so unrecht. Was aber bleibt Elisabeth anders übrig, als bis zuletzt ihre Unschuld zu beteuern und ihre wirklichen Gefühle in religiösen und anderen Dingen zu verbergen? Ehrlich darf unter Maria niemand eine der Regierung und Kirche entgegengesetzte Meinung bekennen, ohne sein Leben zu riskieren. Elisabeth hat ohne Frage vieles von der Verschwörung Wyatts und anderen Intrigen gegen Maria gewußt. Ob sie sie in dem Punkt, daß sie die Krone dann erhalten werde, gebilligt hat, ist eine andere Frage. Wahrscheinlich nicht. Ihrem stolzen Charakter lag es fern, Leuten etwas zu verdanken, was sie als ihr absolutes Erbrecht als englische Prinzessin betrachtete. Sie verachtete im Grunde ihres Herzens die Rebellen, wie aus ihrer Konfrontierung mit James Croft zur Genüge hervorgeht. Die englische Krone wollte sie sich nicht „aneignen“, sondern sie aus den Händen des englischen Volkes empfangen, wenn ihre Zeit gekommen war. Aber – und darin liegt des Rätsels Lösung – es ist ihr nicht gleichgültig, welches Ansehen sie bei ihren zukünftigen Untertanen genießt. Für Vergrößerung ihrer Popularität beim Volke ist ihr nichts zu gefährlich. Ereignisse, wie der Aufstand Wyatts mit den vielen grausamen, ja unmenschlichen Bestrafungen vonseiten Marias, vor allem aber ihre

Einkerkerung im Tower können Elisabeth nur nützen, selbst wenn ein Teil des Publikums überzeugt wäre, sie sei nicht ganz ohne Kenntnis der Dinge gewesen. Die ungeheure, immer mehr anwachsende Partei der Protestanten sieht in Elisabeth die in ihrer Ehre und fürstlichen Würde, in ihrem Glauben beschmutzte Thronerbin, eine Art Märtyrerin – wozu Elisabeth allerdings die wenigste Anlage hat. Aber die Rolle dünkt ihr nicht schlecht, die man ihr zuteilt. Es reizt sie auch, immer mit der Gefahr zu spielen. Sie braucht das aufpeitschende Element zu ihrem Leben wie die großen Eroberer die Gefahren der Kriege, die großen Abenteurer die Gefahren der Welt brauchen. Obendrein ist Elisabeth eine sehr typische Frau. Sie braucht Bewunderung, Anbetung und Liebe. Die Mittel, das zu erreichen, sind typisch weiblich bei ihr, zum großen Teil durch Erziehung und Umwelt ihrem Charakter eingeprägt. Die Kunst der Verstellung, die sie so früh anwenden lernt, leistet ihr später als Herrscherin die besten Dienste in ihrer Politik. Verstellung wendet sie jedoch hauptsächlich in zweckdienlichem Sinne an. Andererseits können sich ihre Freunde auf sie verlassen. Das einmal gegebene Wort bricht sie nicht. Ein ihr anvertrautes Geheimnis gibt sie nicht preis. Was kann sie nach dem mißlungenen Putsch anderes tun als immer wieder alles ableugnen, wenn sie die vielen darin verwickelten Freunde nicht dem Tode überliefern will? Das ist ihr schon als Fünfzehnjährige in der Intrige Seymour klar gewesen. Jetzt, als Zwanzigjährige, handelt sie nicht anders. Maria kann Himmel und Erde in Bewegung setzen, ihre klügsten und geschicktesten Staatsmänner Elisabeth entgegenstellen, sie vor die erfahrensten Richter bringen – nie wird sie von dieser jungen Frau mit dem starken Persönlichkeitsbewußtsein die ganze Wahrheit erfahren! Nie wird sie diesen stolzen, zielbewußten Menschen zwingen, sich zu beugen. Elisabeths Wege, zum Ziel zu gelangen, sind hundertfach verschlungen. Maria und ihre Räte stehen ratlos vor diesem Labyrinth. Nie werden sie daraus herausfinden!

Elisabeth kann es auch in Woodstock nicht unterlassen, ein wenig mit dem Feuer zu spielen. Sie schlägt ihrem „Kerkermeister" Bedingfield so manches Schnippchen. Trotz der strengen Bewachung, trotz aller

Vorsichtsmaßregeln, trotzdem sie weder Briefe noch Besuche erhält, empfängt sie doch manche Nachricht von außen. Sie ist genau unterrichtet, daß sich die Stimmung sehr zu Ungunsten Marias gewendet hat und die große Menge alle ihre Hoffnungen auf eine bessere Zeit – mit Elisabeth an der Spitze – setzt. Sie erfährt auch, daß alle in Wyatts Verschwörung verwickelten Gefangenen nichts zu ihrem Nachteil ausgesagt haben. Es trägt viel dazu bei, ihre eigene Verteidigung mit derselben Taktik weiter zu führen, die sie bis jetzt angewandt hat. Unerschütterlich bleibt sie mit kluger Berechnung, den Blick in die Zukunft gerichtet, die Frau, an deren Herzenskälte alles zerschellt. Die Frau, die später selbst kein Mitleid, keine Gnade kennt, wenn es sich um Staatsvergehen handelt.

Der Kampf und die Komödie zwischen den beiden Schwestern gehen also weiter. Da Maria so lange Zeit verstreichen läßt, ehe sie antwortet, versucht es Elisabeth wieder einmal mit Krankheit, um den Kontakt mit dem Hofe nicht ganz zu verlieren. Sie verlangt, man möge ihr die Ärzte der Königin schicken. Ihr Gesicht, ihre Arme und Beine sind geschwollen. Bedingfield bringt den Bescheid, es sei unmöglich, ihr augenblicklich diesen Wunsch zu erfüllen. Einer der königlichen Leibärzte sei krank, der andere verreist, der dritte, Dr. Owen, unabkömmlich. Er verordne ihr jedoch ein gutes Abführmittel. Also ein erneuter Beweis der Ungnade Marias. Dazu noch der Hohn.

Elisabeth schäumt innerlich vor Wut. Als man ihr vorschlägt, einen anderen Arzt aus der Umgegend zu Rate zu ziehen, entgegnet sie:

„Nein, ich habe keine Lust, meinen Gesundheitszustand vor Fremden darzulegen."

Sir Henry hat ihr noch nicht gewagt zu sagen, daß er seit einigen Tagen schon die Antwort der Königin auf ihren Brief in Händen hat. Da ergreift Elisabeth selbst die Gelegenheit eines Morgens während der Messe. Sie fragt ihn direkt, ob denn nicht eine Antwort von der Königin eingetroffen sei.

„Gewiß, Euer Gnaden, wenn Sie befehlen Ihnen darüber Mitteilung zu machen."

„Bitte."

Bedingfield zieht seine Notizen aus der Tasche. Er hat Befehl, nur einiges aus dem Originalbrief Marias an Elisabeth zu übermitteln. Als sie sieht, daß es kein Brief an sie persönlich ist, kann sie den Zorn über die ihr angetane Beleidigung kaum bemeistern.

„Gleichgültig aber sagt sie:

„Nein, legen Sie es mir nach dem Essen vor." Sie muß erst die Herrschaft über sich selbst wieder gewinnen. Nach dem Diner läßt sie Bedingfield rufen und erfährt nun, in welchen Ausdrücken Maria ihren Brief bewertet hat.

„Nun gut", meint sie, „da die Königin, wie ich zu meinem größten Bedauern bemerke, nicht mehr durch meine scheinheiligen Briefe belästigt werden will, so muß ich Sie wohl bitten, Sir Henry, für mich beim Staatsrat vorstellig zu werden. Ich werde Ihnen alle Hauptpunkte erklären, auf die ich Wert lege."

Bedingfield lehnt ab. Es entspreche weder seiner Stellung, noch seinen Vorschriften, Bittschriften für sie einzureichen oder zu schreiben.

„Wieso?", braust sie auf. „Im Tower darf jeder Gefangene seine Angelegenheiten dem Gouverneur mitteilen und dieser übermittelt es dann dem Staatsrat. Ich aber, ich werde gemeiner behandelt als der geringste Verbrecher vom Zuchthaus in Newgate! Für den dürfen sich wenigstens seine Freunde einsetzen." Und im Tone völliger Demut und Verzweiflung fügt sie hinzu:

„Mein Gott, soll ich denn mein ganzes Leben in dieser Hoffnungslosigkeit verbringen? Ohne eine andere Stütze als die Wahrheit meiner Sache! Ich lege sie in Gottes Hand! Ihm allein empfehle ich mein Geschick. Komme was wolle! Immer werde ich die treue Untertanin meiner Königin bleiben, die ich mein ganzes Leben gewesen bin." Damit hat sie den frommen Katholiken gewonnen. Wenn jemand Gottes Schutz und Zeugnis anruft, darf er doch nicht zweifeln, wie ernst es gemeint ist.

Sir Henry berichtete die Worte seiner jungen Gefangenen noch am 4. Juli in einem Briefe an den Staatsrat. Regierungsmänner und Königin sind gerührt und sehen ein; jedem Gefangenen muß gestattet werden, ein Gesuch einzureichen. Elisabeth darf also den Staatsräten schreiben, sogar den Brief an die Königin direkt senden. Maria befiehlt es ausdrücklich, damit sie ihn lesen kann, noch bevor der Staatsrat ihn zu Gesicht bekommt. Jetzt plötzlich hat es Elisabeth gar nicht mehr eilig. Vorläufig genügt ihr, daß sie ihren Willen durchgesetzt hat. Die Genehmigung Marias datiert vom 7. Juli. Die kapriziöse junge Prinzessin antwortet erst am 30. Inzwischen ist sie wieder krank geworden, ohne jedoch noch einmal nach den Hofärzten zu verlangen. Als sie Tinte und Feder erhält, fällt ihr ein, nicht selbst zu schreiben. Briefe an Staatsräte schreiben Mitglieder des Königshauses nicht persönlich. Dazu sind ihre Sekretäre da. Ihr steht keiner in Woodstock zur Verfügung. Sir Henry tut ihr jetzt auch diesen Gefallen. Er schreibt in ihrem Namen.

Unter erneuten Versicherungen ihrer Unschuld und absoluten Königstreue bittet Elisabeth jetzt die Räte ernstlich, man möge sie entweder unter positive Anklage vor ein Gericht stellen, damit sie ihre Sache verteidigen könne, oder ihr gestatten, vor der Königin in Person zu erscheinen. Das würde sie doch niemals wagen zu fordern, wenn sie ihrer Sache nicht gewiß wäre. Und wolle man ihr weder das eine noch das andere gestatten, so bitte sie einige der Herren, selbst nach Woodstock zu kommen, damit sie aus ihrem eigenen Munde vernähmen, was sie zu sagen hätte. Auf diese Weise würde sie sich wenigstens nicht so von aller Welt verachtet und verlassen fühlen. Sieben Tage später, am 7. August, läßt die Königin durch ihre Räte Elisabeth mitteilen, sie werde ihr Gesuch prüfen. Maria ist inzwischen schon seit nahezu zwei Wochen verheiratet. Das Glück, endlich Philipp bei sich zu haben, nach dem sie sich immer leidenschaftlicher gesehnt hatte, je länger er sie warten ließ, füllt vorläufig ihr ganzes Denken aus und die damit verbundenen Feste nehmen viel Zeit in Anspruch.

Elftes Kapitel. Philipp

Die Ankunft des spanischen Bräutigams in London hatte sich aus verschiedenen Gründen verzögert. Erstens lag der englischen Regierung selbst viel daran, daß die Ruhe im Lande völlig, oder wenigstens einigermaßen wieder hergestellt war, ehe sich der unerwünschte Fremdling sehen ließ. Zweitens fehlte es Philipp an dem nötigen Geld, um standesgemäß als Sohn des mächtigen Kaisers Karl V. mit einem glänzenden Gefolge in London auftreten zu können. Ehe er die dazu erforderlichen Summen zusammengebracht hatte, verging Zeit. Persönlich hatte er es auch nicht allzu eilig. Die Ehe mit einer um vieles älteren Frau ohne äußere Schönheit, ohne besonderen Scharm oder besonderer Anziehungskraft des Geistes lockte ihn wenig. Seine angeborene Trägheit trug gleichfalls ihren Teil dazu bei, daß er erst in der zweiten Hälfte des Juli 1554 in Southhampton eintraf.

Maria zog ihm bis Winchester, dem Bischofsitz Gardiners, entgegen. Fünf Tage später fand hier ihre Trauung mit dem Langersehnten statt. An Elisabeth in Woodstock dachte man nicht. Sie war von den Hochzeitfeierlichkeiten ausgeschlossen. Sie erfuhr nur heimlich vom Hörensagen durch ihre Diener, die mit der Außenwelt in Berührung kamen, davon.

Das Königspaar zog am 19. August mit ungeheurer Prachtentfaltung in London ein. Philipps spanische Grandezza, die dem Volke des Nordens wenig zusagte, trat infolge einiger kluger Instruktionen vonseiten Renards, anfangs nicht sehr in den Vordergrund. Der Gesandte machte ihn auf viele Eigenarten des englischen Volkscharakters, seine Sitten und Gebräuche aufmerksam, während Maria nicht im entferntesten daran dachte, für ihren fremden Gemahl um die Liebe des Volkes zu werben. Seit dem Siege über die Revolte Wyatts glaubte sie es ganz in ihrer Gewalt zu haben. Als sie mit Philipp durch London zog, konnte sie wohl einen Augenblick glauben, es sei so. Die Londoner ließen es an diesem Tage an dem vorschriftsmäßigen Jubel über die Vermählung ihrer Königin nicht fehlen. Der gratis in Menge unter das Volk verabreichte Alkohol, die vielen herrlichen Speisen, die überall in den Straßen auf Tischen für jedermann angerichtet waren, die Belustigungen, die alle unentgeltlich genossen werden konnten, und die Freudenfeuer auf den offenen Plätzen versetzten allein schon in einen Taumel des Glücks. Man vergaß unter dem Trubel, im Rausch der Genüsse für kurze Zeit den Groll und die Abneigung gegen diese Verbindung.

Jede Kirchengemeinde schickte pflichtgemäß eine Prozession, die das Te Deum sang. In Cheapside glänzte ein großes vergoldetes und herrlich geschmücktes Kreuz. Fast in jeder Straße hingen bildliche Darstellungen der berühmtesten englischen Herrscher und Helden. Im großen und ganzen war es ein sehr gelungenes Schaugepränge, kaum durch einen unliebsamen Zwischenfall gestört. Nur ein Maler hatte sich bei der Darstellung Heinrichs VIII. ein wenig versehen. Als Gardiner an diesem Bilde vorbeiritt, bemerkte er zu seinem Schrecken, daß Heinrich ein Buch in der Hand hielt mit der Aufschrift: Verbum Dei. Der Verfertiger des Bildes wurde zur Rechenschaft gezogen. Er spielte den Harmlosen und mußte sofort die Bibel mit ein Paar Handschuhen übermalen. Abgesehen von so unbedeutenden Zwischenfällen ging alles programmmäßig gut vonstatten.

Als jedoch die Engländer in den nüchternen Alltag zurückversetzt waren, kehrte auch die Unzufriedenheit über die fremden Eindringlinge wieder. Man ärgerte sich über Philipps und seines großartigen Gefolges prahlerisches Auftreten, über seine gekünstelten Manieren, über das Breitmachen der Spanier in der Stadt. Überall wo Engländer und Spanier zusammentrafen, gab es Streit und blutige Schlägereien. Als dann bald nach der Heirat die alten Gesetze gegen die Ketzerei wieder stark in Kraft traten, stieg die Unzufriedenheit unter den protestantisch Empfindenden noch mehr.

Maria kümmerte sich nicht darum. Sie war glücklich. In dem einen Jahr ihrer Regierung hatte sie alles erreicht, was sie wollte. Sie hatte die Rebellen zweimal zum Schweigen gebracht, sie hatte dem Katholizismus wieder Geltung verschafft, sie hatte einen Mann, den sie liebte, bekommen! Nun erlebte sie noch die Genugtuung, daß das Parlament am 30. November 1554 einstimmig den Legaten des Papstes, den Kardinal Pole, akkreditierte und somit die Oberherrschaft des Heiligen Vaters über die Kirche anerkannte. Pole erteilte dem ganzen englischen Volke die Absolution. Keine Stimme, weder im Ober- noch im Unterhaus erhob sich dagegen. Man verlangte nur von Papst Julius III. eine Bulle, die die Besitzer von Kirchengütern sicherstellte. Denn mancher hatte sich in den früheren Regierungen durch die Beschlagnahme der Klostervermögen bereichert. Jetzt wollte man die Schätze nicht wieder herausgeben.

Maria machte dieser Sieg sehr stolz, hartherzig und – unvorsichtig. In ihrem tödlichen Haß gegen alles Protestantische nahm sie die grausamsten Verfolgungen gegen die Ketzer auf. Mit unmenschlicher Strenge wurden die Proselyten bestraft. Die Scheiterhaufen von Smithfield brannten wieder Tag und Nacht, Galgen und Marterpfähle trugen ihre unglücklichen Opfer wochenlang zum abschreckenden Beispiel zur Schau. Ihr eifrigster Helfer dabei war Edmund Bonner, Bischof von London. Sie hatte ihn mit Gardiner zusammen aus dem Tower befreit.

Von dieser Zeit an nannte man Maria nur noch „die Blutige". Sogar die Katholiken, ihre eigene Partei, billigten derartig grausame Verfolgungen der Andersgläubigen nicht. Viele Bischöfe erklärten feierlich, sie hätten an einer solchen Barbarei keinen Teil. Die englische Bevölkerung, die keinen Einwand gegen die Einführung des Katholizismus erhoben hatte, wurde jetzt von Abscheu und Ekel gegen die Methode erfaßt, durch die man sie zwingen wollte, katholisch zu werden. Es war dem englischen Nationalempfinden zuwider, daß diese grauenhaften Dinge nicht nur im Schutze der einigen Kirche vorsichgingen, sondern auch, daß sie durch den Einfluß der im Lande sich breitmachenden Fremden gestärkt wurden. Durch solche Maßnahmen schadete Maria nicht nur sich selbst und der Kirche, sondern auch ihrem Gatten. Da sie Philipp sehr bald ziemlich viel Einfluß in ihre Regierungsgeschäfte einräumte und ihre Maßnahmen im Grunde seinem grausamen Herzen recht wohl taten, machte man auch ihn für alles verantwortlich. Und der Haß gegen den Fremden, der sich anmaßte, als unumschränkter Herrscher im Lande, das er gar nicht kannte, aufzutreten, wurde immer größer.

Philipp selbst bekam es in seinem harten Herzen mit der Angst zu tun. Vielleicht war er auch eine Nuance weniger grausam als Maria, jedenfalls versuchte er manche ihrer Urteile und Maßnahmen zu mildern. Das Hauptmotiv dieser relativen Milde war aber wohl nur das Bestreben, sich Volksbeliebtheit zu verschaffen. Es ist ihm indes in keiner Weise gelungen, das Interesse der Engländer für sich zu gewinnen. Weder dadurch, daß auf seinen Rat viele noch immer im Tower sitzende Gefangene von Maria befreit wurden, noch daß er sich später für Elisabeth verwendete. Man wußte oder fühlte: alle diese Handlungen entsprangen nicht seinem Edelmut, sondern dem Zwange der Verhältnisse und einer ganz kalten Berechnung.

Abgesehen davon, daß weder Philipp noch Maria durch ihre Ehe besonders glücklich waren, paßten sie doch als Charaktere sehr gut zu einander. Beide waren ehrgeizig, habgierig und grausam, beide prachtliebend und Maria dazu verschwenderisch, wenn es galt, sich als fromme Christin der Kirche gegenüber zu zeigen. Die Kirchen und Klöster, von denen sie einige wieder herstellte, wurden von ihr mit reichen Gewändern, goldenen und silbernen Gefäßen und anderem Schmuck bis zum Überfluß ausgestattet und beschenkt. Die prachtvollen öffentlichen Kirchenfeste, die glanzvollen kirchlichen Zeremonien und Umzüge bei jeder Gelegenheit, die Prozessionen hatten an Prachtverschwendung noch nichts Ähnliches gesehen. Sie schwelgte in ihrem frommen Sinn förmlich in derartigen Feiern und es störte sie dabei wenig, daß zwischenhinein die Leute, die Andersgläubigen, am Marterpfahle laut jammerten und vor Qual aufschrien oder auf einem nahen Scheiterhaufen bei lebendigem Leibe verbrannten.

Marias Liebe zu Philipp wurde täglich größer. Sie hätte alles darum gegeben, wenn sie bei ihm auf die gleiche Leidenschaft gestoßen wäre. Der französische Gesandte Noailles behauptete zynisch, sie wäre sogar fähig, Gott zu beleidigen, wenn sie damit Philipp einen Gefallen tun könne. Ihr sehnlichster Wunsch war, ein Kind! Ein Kind, das nicht nur dieser Ehe die Weihe geben, sondern auch endgültig Maria von der Angst um ihre Thronfolge befreien sollte. Vier Monate nach ihrer Hochzeit glaubte sie sich Mutter zu fühlen. Eine immense Freude kam in ihr Herz. Sie eröffnete sich sofort dem neueingeführten päpstlichen Legaten Pole, und es wurden in allen Kirchen Dankgebete gesprochen und Te Deums gesungen. Gott hatte den Schoß der Königin gesegnet. Ein Sohn würde dem Throne geboren werden.

Währenddessen lebt Elisabeth in Woodstock weiter als „ehrenvoller Häftling". Am Hofe beraten Maria und Philipp mit ihren Räten hin und her, wie man sich am besten von ihr befreien kann. Ob es ratsam sei, ihr die volle Freiheit zu schenken, oder sie zu verheiraten, oder sie an einen fremden Hof in Obhut zu geben. Maria möchte sie am liebsten außerhalb Englands, auf dem Kontinent, wissen. Sie hat schon an die Königin Marie von Ungarn gedacht, die als Statthalterin der Niederlande in Brüssel Hof hält. Aber Philipp ist mehr für eine Heirat. Auf jeden Fall zieht er die Möglichkeit in Betracht, Elisabeth mit dem Herzog von Savoyen zu verheiraten. Seinem Vater, Karl V., war seinerzeit diese Verbindung unbequem, ihm aber kommt sie gelegen, doppelt gelegen. Auf diese Weise verbannt er auf anständige Weise seine junge Schwägerin aus ihrem Lande, befreit Maria von der Gefahr und Angst um ihren Thron durch die Protestanten und verpflichtet einen Fürsten zu Treue und Anhänglichkeit teils durch die zustande gebrachte Familienbande, teils durch in Aussicht gestellte Reichtümer und Würden. Auch Renard hat seine Ansicht geändert. Er ist jetzt nicht mehr für den Tod, sondern für eine Ehe Elisabeths. Aber Maria wünscht diese Heirat ihrer Schwester nicht. Sie würde die Thronfolge Elisabeths doch nicht ausschließen. Es muß ein anderer Ausweg gefunden werden. Vorläufig hat Elisabeth noch keine Kenntnis von allen diesen Plänen. Daß Philipp sich schon damals mit dem Gedanken getragen habe, selbst sie zu heiraten, ist nach der Lage der Dinge ausgeschlossen und durch kein zeitgenössisches Zeugnis oder Dokument bestätigt. Im Gegenteil. Er dachte damals ernstlich daran, sie durch eine Verbindung mit einem fremden Fürsten vom Hofe zu entfernen.

Inzwischen ist Graf Noailles wieder am Werk. Er und die französische Partei haben alles Interesse, die Ehe mit dem Herzog von Savoyen zum scheitern zu bringen. Sie brauchen die Prinzessin in England. Sie denken immer noch für Elisabeth an Courtenay. Sie muß daher rechtzeitig gewarnt werden, damit sie ja nicht etwa aus Verzweiflung, nur um endlich frei zu sein, einen Schritt unternimmt, der in Frankreichs Politik nicht paßt.

Noailles läßt ihr daher durch einen „ihr sehr Nahestehenden" – wahrscheinlich durch Vermittlung des unentwegten Intendanten Parry – sagen, es wäre die größte Dummheit, die sie begehen könne, wenn sie einwillige, einen entthronten Fürsten zu heiraten, aus dem Philipp und der Kaiser ihr Werkzeug zu machen gedächten. Sie beabsichtigten damit nur, sie der Krone von England zu berauben. Dieser Warnung hätte es für Elisabeth kaum bedurft. Sie denkt nicht daran, einen Prinzen zu heiraten, der sie ins Ausland führt. Und wenn die Spanier glauben, sie durch ein Machtwort der Königin entweder mit Liebe oder Gewalt „zu einer Heirat zwingen zu können", so kennen sie Elisabeth schlecht. Sie wünscht zwar nichts sehnlicher, als möglichst bald aus ihrer bedrückenden und unfreien Situation herauszukommen, aber nicht um diesen Preis.

Ihre Feinde sind immer noch zahlreich. Sie hat kaum einen Fürsprecher bei Maria. Und findet sich einer, so hört die Königin lieber auf die Einflüsterungen der Gegner. Ungefähr um diese Zeit, als man darüber noch im unklaren ist, was mit Elisabeth geschehen soll, bietet sich Lord Williams of Thame an, die junge Prinzessin von Woodstock weg und in seinem Landhaus aufzunehmen. Elisabeth wäre dort ausgezeichnet untergebracht gewesen. Da Lord Williams Katholik und am Hofe Marias gut angeschrieben steht, glaubt man, sein Anerbieten werde angenommen. Nichts! Maria lehnt ab. Vielleicht erinnert sie sich, daß man gerade in diesem Hause Elisabeth im Jahre vorher so hoch geehrt hat. Sie ist im höchsten Grade mißtrauisch und braucht lange, ehe sie zu einem Entschluß kommt. Philipp entwickelt sich allmählich zu Elisabeths Fürsprecher bei Maria.

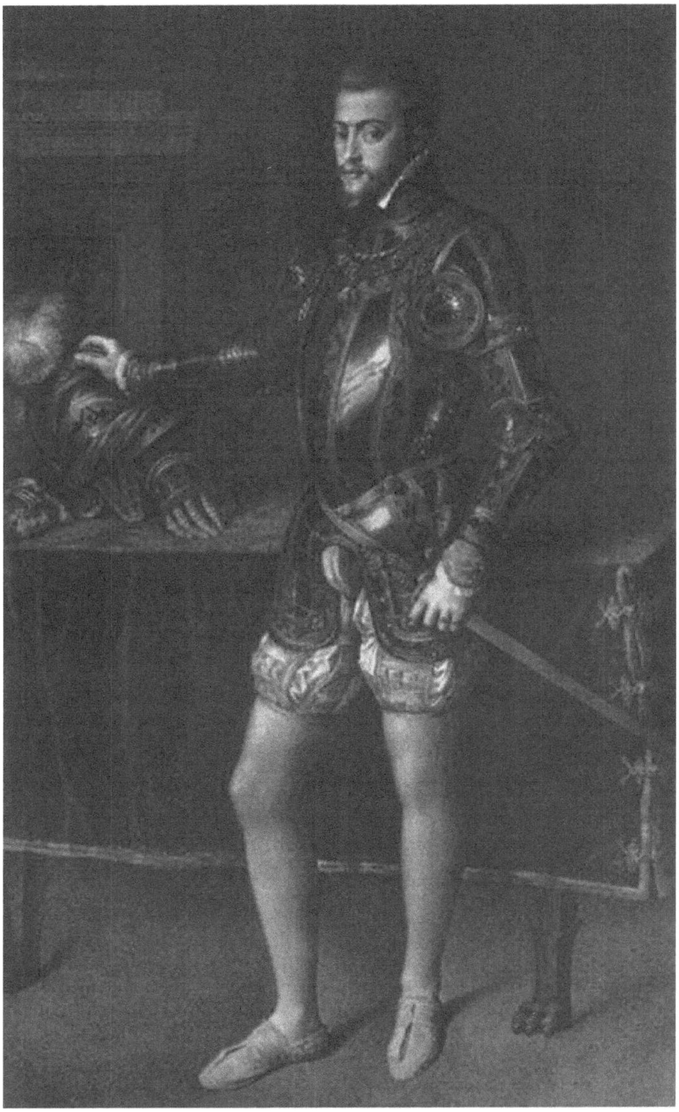

König Philipp II. von Spanien; Lithographie von G. Sensi nach einem Gemälde von Tizian

Seine Räte, hauptsächlich Renard, reden ihm täglich von der Ehre, die er sich durch die Befreiung der Prinzessin erwerben könne. Renard hat ja früher schon prophezeit, die spanische Heirat der Königin werde viel Feindschaft im Lande erregen. Er muß seinem jungen Gebieter so viel wie möglich helfen, aus dieser unangenehmen Situation herauszukommen. Keine andere Tat sei so geeignet, die Vorurteile des englischen Volkes gegen ihn verschwinden zu lassen. Da Philipp selbst und auch die Königin darauf hinarbeiten, daß er zum König gekrönt werde, ist er bald überzeugt, die Befreiung Elisabeths werde ihm schneller dazu verhelfen, diesen Plan im Parlament durchzusetzen. Er erneuert daher seine Fürsprache bei Maria, und Elisabeth hat einen Freund am Hofe.

Die Versöhnung mit ihrer Schwester läßt indes noch auf sich warten. Maria bildet sich weiter ein, sie sei guter Hoffnung. Sie fühlt sich sehr schlecht und legt sich sogar zeitweise ins Bett, obwohl die Ärzte die Schwangerschaft nicht mit Bestimmtheit feststellen. Nichtsdestoweniger wird alles zu der bevorstehenden Geburt des ersehnten Kindes vorbereitet. Maria und ihre Frauen befürchten bei ihrem Alter eine schwere Niederkunft. Die Königin selbst beschäftigt der Gedanke: was wird werden, wenn sie im Wochenbett stirbt und auch das Kind nicht lebt? Vor allem aber denkt sie an ihres geliebten Philipp Schicksal. Sie weiß, er ist verloren, wenn sie nicht mehr lebt. Der Haß des englischen Volkes gegen den Spanier wird sich ungehemmt entfesseln. Es muß etwas getan werden, das ihn davor schützt. Maria denkt an ihre Schwester. Es ist doch vielleicht besser, Elisabeth an den Hof kommen zu lassen, sozusagen als versöhnendes Mittel zwischen König und Volk.

Bevor indes der Häftling aus Woodstock befreit wird, tut Philipp ein anderes „gutes Werk" in seinem höchst persönlichen Interesse. Es gelingt ihm, Maria zu bewegen, die noch im Tower sitzenden Teilnehmer am Aufstand Wyatts zu befreien. Unter ihnen befindet sich auch James Croft und Nicolas Throckmorton. In einer öffentlichen Bekanntmachung wird ausdrücklich darauf hingewiesen, daß sie diese Gnade einzig und allein dem König Philipp verdanken. Gleichzeitig erfülle man damit den Wunsch Kaiser Karls V. Man wird sich erinnern, daß Wyatt und seine Mitverschworenen ein Jahr vorher gerade auf Karls und seiner Räte Betreiben hin aufs fürchterlichste von Maria bestraft und gefoltert wurden. Des Kaisers Politik schlug jetzt andere Wege ein. Zu Marias Gesandten John Mason sagte er, eine Regierung müsse so sein, daß sich

Fürst und Volk verständen und gegenseitig liebten. Der hartherzige Philipp hat nach diesem Grundsatz weder als Gatte der Königin von England noch viel weniger später als König von Spanien gehandelt. Seine „guten" Taten wogen die vielen schlechten nicht auf.

Als Eduard Courtenay in Fotheringay erfuhr, welche Gnade den Verschwörern Wyatts durch Philipp widerfahren war, richtete er im Februar 1555 durch Vermittlung eines seiner einflußreichen Freunde ein Schreiben an ihn. Er bat den König, bei der Königin vorstellig werden zu wollen, damit auch er freigelassen werde wie die anderen. Philipp entledigt sich auch dieser Aufgabe. Am 8. April darf Courtenay der Königin und dem König die Hand küssen. Man schickt ihn zuerst zu Karl V. nach Flandern, später, zur Vollendung seiner Studien, nach Italien. Das Königspaar hält die Anwesenheit des gefährlichen jungen Mannes in London doch für zu gewagt, zumal Marias Niederkunft erwartet wird und man nicht wissen konnte, wie sie verläuft. Endlich war auch Maria mit Philipp darüber einig, Elisabeth nicht aus dem Lande zu schicken, sondern sie nach London zu rufen.

Anfang April übersiedelte der Hof nach Hampton Court. Die Komödie mit der Schwangerschaft der Königin wird weitergespielt. Sie kränkelt und sieht der ereignisvollen Stunde mit immer größerer Angst entgegen. Ihre Umgebung sucht sie durch Erzählung ähnlicher Fälle, in denen sogar noch ältere Frauen als Maria ihr erstes Kind glücklich zur Welt gebracht hatten, zu beruhigen. Man bringt ihr sogar ein paar gesunde Säuglinge als Beweis dafür. Aber die Angst vor dem Tode verläßt sie nicht. Ende April glaubt sie ihre Stunde gekommen. Es verbreitet sich bereits die Kunde, die Königin sei von einem Thronerben entbunden worden. Die Glocken läuten und in den Kirchen spricht man Dankgebete. Ein paar Stunden darauf wird alles dementiert. Die Londoner Bevölkerung belustigt sich schließlich über diese eingebildete Mutterschaft einer eitlen, hysterischen und verliebten Frau. Maria macht sich lächerlich. Gleichzeitig wird aber auch der Verdacht rege, daß man dem englischen Thron ein falsches Kind als Erben unterschieben will.

Während in Hampton Court der ganze Hof mit Spannung dem Ende dieser schlechtgespielten Komödie entgegensieht, trifft in Woodstock bei Bedingfield der Befehl Marias ein, Elisabeth auf schnellstem Weg an den Hof zu bringen. Mit ihrer Dienerschaft und der üblichen Bewachung. Sie bleibt also die Gefangene der Königin und Sir Henry ihr Wächter bis zuletzt. Sie freut sich dennoch, dem Zwang in Woodstock enthoben zu sein, denn sie hofft in Hampton Court ihre völlige Freiheit zu erlangen. Über ein Jahr ist sie in Gefangenschaft gehalten worden. Vielleicht in einer Anwandlung von triumphierendem Übermut, endlich über die vielen Intrigen den Sieg davongetragen zu haben, ritzt sie, ehe sie Woodstock verläßt, ein paar Worte in die Fensterscheibe ihres Zimmers:

Trotz großem Verdacht,
Wird kein Beweis erbracht.
Glaubt was ihr wollt,
Elisabeth ist rein wie Gold.

Wenn sie das wirklich in die Scheiben schnitt, hört man die junge Prinzessin förmlich darüber lachen, daß es ihrer Geschicklichkeit gelungen ist, keinen Beweis ihrer Schuld aufkommen zu lassen. Jedenfalls sind ihr diese Abschiedsworte von Woodstock zuzutrauen. Sie sind ganz elisabethanisch. Die Reise bis Hampton Court nimmt vier Tage in Anspruch. Auf dem Wege kommen ungefähr sechzig ihrer früheren Diener ihr entgegen. Sie sind glücklich, nach so langer Trennung ihre Herrin begrüßen zu können. Elisabeth ist gerührt von der Treue der Leute. Sie will sie zu sich rufen und mit ihnen sprechen. Da merkt sie, daß sie noch Gefangene ist. Sir Henry verbietet aufs strengste jede Annäherung. Im Namen der Königin schickt er die Leute weg. Elisabeth darf kein Wort an sie richten. Gegen Ende des Monats erreicht die eigenartige, bewaffnete Reisegesellschaft mit der jungen Prinzessin in der Mitte, Hampton Court. Nicht durch das Hauptportal, sondern durch eine Nebentür hält Elisabeth Einzug in das Schloß. Hinter ihr schließt man das Tor ab. Sie darf ihre Zimmer weder verlassen, noch jemand bei sich empfangen. Ihre Bewachung ist also noch nicht zu Ende.

Zwölftes Kapitel. Langsame Versöhnung

Elisabeth wird in Hampton Court einige Zeit in strenger Klausur gehalten und scharf beobachtet. Vierzehn Tage lang sieht sie keinen Menschen vom Hofe, außer den König einmal kurz nach ihrer Ankunft. Philipp hatte so viel von seiner jungen Schwägerin gehört, daß es begreiflich ist, wenn er so bald wie möglich die Frau kennen lernen will, um deren Persönlichkeit sich die halbe Politik Englands und des Auslands dreht. Ihre Zimmer liegen direkt neben den seinen. Es ist die ehemalige Wohnung des Herzogs von Alba, der inzwischen nach Brüssel abgereist ist. Philipp macht ihr also einen Besuch. Noailles und auch der Venetianer Giovanni Michieli berichten darüber an ihre Höfe. Der eine schreibt an Heinrich II. von Frankreich, der andere an den Dogen. Es ist demnach ein nicht geringes Ereignis für die Politiker. Elisabeth hat Weisung bekommen, sich für diesen hohen Besuch so prächtig wie möglich zu kleiden. Sicher ist sie diesem Wunsch gern nachgekommen, denn sie hat natürlich längst erfahren, daß Philipp sich als ihr Gönner aufspielt. Elisabeth weiß, was sie in einem solchen Fall zu tun hat. Sie präsentiert sich Philipp in ihrem besten äußeren und inneren Licht. Was sie miteinander bei dieser ersten Begegnung gesprochen haben, ist nie an die Öffentlichkeit gelangt. Wahrscheinlich aber hat Elisabeth mit jener ihr eigenen großen Kunst faszinierender Weiblichkeit und raffiniertester Lebensklugheit schon damals auf Philipp Eindruck gemacht. Auf alle Fälle nimmt sein Interesse für ihr Schicksal, seitdem er sie kennt, zu.

Maria hingegen läßt Woche um Woche verstreichen, ehe sie die Schwester zu sich ruft. Elisabeth hat Zeit. Sie kann jetzt warten. Seit sie weiß, daß sie auf Philipp auch als Frau gewirkt hat, trägt sie den Kopf noch höher. Wenn die Königin sie nicht empfangen will. Gut! Dann wird sie um eine Unterredung mit dem Staatsrat nachsuchen. Sie wird und muß sich Gehör in ihrer Sache verschaffen.

So vergehen vierzehn Tage nach dem Besuch des Königs. Dann wird zu Elisabeth ihr Großonkel mütterlicherseits, William Howard, geschickt.

Sie ergreift sofort die Gelegenheit, ihm ihr Anliegen vorzubringen. Die Bitte wird ihr gewährt. Ein paar Tage darauf erscheinen die Staatsräte Graf Arundel, Graf Shrewsbury, der Sekretär Peter, geführt vom Lordkanzler und Erzbischof Gardiner. Alle beugen das Knie vor der Prinzessin. Sicher nehmen sie an, sie werde jetzt endlich ihren Trotz aufgeben und reumütig darum bitten, zur Königin geführt zu werden, um ihre Verzeihung zu erflehen.

Elisabeth aber steht in ihrer herben Jugend vor den an Jahren und Erfahrung gereiften Männern. Nicht wie eine gebrochene, von langer Haft zermürbte Gefangene, sondern wie eine Königin gibt sie ihnen ihren Gruß zurück und sagt:

„Ich bin glücklich, Sie zu sehen, meine Herren. Lange genug bin ich von Ihnen fern gehalten worden. Verlassen und verzweifelt. Wollen Sie bitte jetzt meine Vermittler bei der Königin und dem König sein, damit ich endlich aus meiner langen Haft entlassen werde!"

Gardiner, ihr Feind, kniet noch vor ihr. Er hofft, sie doch noch dazu zu bringen, bei der Königin um Gnade zu bitten. Wenn sie das täte, sagt er, würde sie ohne weiteres alles erreichen, was sie wünsche.

Sofort bäumt sich Elisabeths Stolz. Nein, um Gnade kann sie nicht bitten! Nicht einmal um den Preis ihrer Freiheit. Sie verlangt Gerechtigkeit, keine Gnade.

„Wie kann man das von mir fordern! Ich würde ja gegen mich selbst sprechen und mich selbst beschimpfen. Was sollten da wohl der König und die Königin für einen Begriff von mir bekommen? Nein, lieber will ich mein ganzes Leben im Gefängnis verbringen. Wenn ich je gegen die Königin in Gedanken, Worten oder Taten gefehlt habe, dann bitte ich nicht um Gnade, sondern vor ein Gericht gestellt zu werden."

In höchster Überzeugung schließt sie ihre Rede mit den Worten:

„Es ist besser, meine Herren, für die Wahrheit eingesperrt zu sein, als frei herumzulaufen und von seiner Herrscherin als verdächtig angesehen zu werden."

Kaiser Karl V.; Lithographie von Palmaroli nach einem Gemälde von Tizian

Die Lords müssen sich, ob sie wollen oder nicht, vorläufig mit dieser Antwort zufrieden geben. Aber Maria begnügt sich nicht damit. Sie schickt den Kanzler nochmals zu der „Verstockten“. Sie ist geneigt, einen

Gnadenakt zu gewähren, aber nicht immer wieder die Versicherung von Unschuld und Untertanentreue von ihrer Schwester zu hören. Gardiner hat Auftrag, Elisabeth zu sagen, sie müsse sich einer ganz anderen Sprache befleißigen, wenn sie frei sein wolle. Es sähe ja genau so aus, als beschuldige sie die Königin, sie ungerechterweise ins Gefängnis geworfen zu haben.

„Oh“, verwahrt sich Elisabeth, „das liegt mir fern zu behaupten. Die Königin kann mich einsperren lassen wann und wie es ihr beliebt. Sie ist ja die Herrin. Aber von meinen bisherigen Erklärungen weiche ich nicht ab. Nie werde ich mich selbst Lügen strafen. Nie werde ich um Gnade für eine Schuld bitten, die man mir nicht beweisen kann.“

Der Kanzler geht. Selten ist ihm in seiner langen Praxis am Hofe und in der Welt ein so starkes Selbstbewußtsein und so unerschütterliche Beharrlichkeit bei einem Menschen vorgekommen, dessen Leben von einem einzigen Machtwort abhängt. Auf Philipps Zureden entschließt Maria sich endlich doch, die Schwester zu empfangen. Ungefähr nach Verlauf einer Woche nach Gardiners zweitem Besuch erhält Elisabeth ganz plötzlich und unvermutet die Aufforderung, sich zur Königin zu begeben. Es ist schon spät am Abend. Bei Fackelschein wird sie durch den Park in den Flügel des Schlosses geführt, den die Königin bewohnt. Sir Bedingfield ist immer noch ihr treuer Begleiter. Jetzt sinkt der jungen Elisabeth doch wieder der Mut. Weiß sie denn, was Maria mit ihr vor hat? Als sie ihre Zimmer verläßt, empfiehlt sie ihren Damen, für sie zu beten. Vielleicht sehen sie sich nicht wieder. Die Königin empfängt ihre Schwester in ihrem Schlafzimmer. Sie ist gealtert, seit Elisabeth sie nicht gesehen hat. Harte Falten ziehen sich um ihren Mund. Sie sitzt in einem erhöhten Lehnsessel, ganz königliche Würde. Elisabeth tritt ein. Sie kniet nieder und wünscht der Königin, wie es Brauch ist, Gesundheit und ein langes Leben. Dann erklärt sie feierlich, daß sie stets eine treue Untertanin gewesen sei, trotz der widersprechenden Berichte, die Maria darüber wohl erhalten habe.

Maria wartet ungeduldig auf das Geständnis und die reuevolle Abbitte. Sie kommen nicht aus Elisabeths Mund.

„Ihr wollt also nichts gestehen? Ihr beharrt immer noch auf Eurer Unschuld. Gut, dann will ich Gott bitten, daß es so sein möchte, wie Ihr sagt. Aber vielleicht behauptet Ihr gar, ich hätte Euch zu Unrecht gefangen gehalten.“

„Nein“, sagt Elisabeth, „Eurer Majestät das zu sagen, würde ich nicht wagen.“

„Ja, aber zu anderen sagt Ihr es.“ Sie spielt dabei auf das Gespräch ihrer Schwester mit Gardiner an. Wahrscheinlich hat er es der Königin absichtlich im verdrehten Sinn berichtet. Elisabeth läßt sich dadurch nicht einschüchtern. „Nein“, antwortet sie, „auch nicht zu anderen. Wie Sie auch über mich verfügen, Majestät, ich werde alles geduldig ertragen.“

Mehr ist nicht von ihr zu erlangen. Maria sieht ein, daß sie hier zwar einer Jüngeren, aber Stärkeren und Überlegeneren gegenübersteht. Der erste Schritt zu einer, wenn auch nur scheinbaren Versöhnung der beiden Schwestern ist getan. Elisabeth kehrt in ihre Zimmer zurück. Von dieser Zeit an wird sie nicht mehr von Bedingfield und seinen Soldaten bewacht. Sir Henry ist froh, sein verantwortungsreiches Amt bei „dieser großen Dame“, wie er Elisabeth öfters nennt, niederlegen zu können. Als er sich von ihr verabschiedet, kann sie es nicht unterlassen, ihn noch ein wenig mit spöttischer Arroganz zu ärgern.

„Leben Sie wohl, Sir Henry“, sagt sie. „Gott verzeihe Ihnen das Vergangene ebenso wie mir. Wenn ich aber je in die Lage versetzt werden sollte, einen Gefangenen scharf beobachten und streng behandeln lassen zu müssen, dann werde ich mich an Sie wenden.“ Bedingfield hat, wie erwähnt, unter ihrer späteren Regierung nicht die geringste Ungnade oder Zurücksetzung gefühlt. Im Grunde war sie mit ihrem „Kerkermeister“ ganz gut ausgekommen. Er tat ihr ja trotz allem ihren Willen, und mehr verlangte sie nicht. Einige Male erschien er später am Hof Elisabeths, doch mit einem öffentlichen Amt betraute sie ihn nicht.

Elisabeth genießt jetzt ein wenig mehr Freiheit, obwohl sie immer noch nicht am Hofe öffentlich erscheinen darf. Sie sieht die Königin und den König selten und nur privat. Es ist ihr indes gestattet, einige Höflinge bei sich zu empfangen. Man gibt ihr auch ihren Hofstaat zurück. Nach und nach bildet sich wieder ein Kreis hoher und angesehener Persönlichkeiten um sie. Zu ihnen soll auch der Kardinal Pole, der päpstliche Legat, gehört haben. Man will sogar gesehen haben, daß er das Knie vor Elisabeth beugte. Es ist möglich, daß sie auch ihn faszinierte. Sie hatte es in ihrer Gewalt, auf Menschen zu wirken, von denen man es am wenigsten erwartete. Vielleicht hat sie es anfangs versucht, ihn sich zum Freund zu machen. In Wirklichkeit war er ihr Feind. Er mißtraute ihr. Er hielt vor allem ihren Katholizismus für unecht. Nach seiner offiziellen Einsetzung zum päpstlichen Gesandten besuchte er, wie es scheint, Elisabeth nicht ein einziges Mal. Sie selbst beschwert sich über Poles Vernachlässigung in einer späteren Unterredung mit dem Vertrauensmann Philipps II., dem Grafen Feria.

Der Hof blieb nicht mehr lange in Hampton-Court. Die Königin hatte sich ziemlich mit ihrer eingebildeten Mutterschaft blamiert. Als nichts daraus wurde, mußte sie den Spott ihrer Untertanen über sich ergehen lassen. Es erschienen eine Menge Flugblätter und Satiren. Sie konnte sich kaum mehr in der Öffentlichkeit zeigen, ohne Gegenstand der unverhohlensten Neugier zu werden. Sie zog sich daher erst nach Oatlands, dann nach Greenwich zurück, wo sie weniger in der Öffentlichkeit stand. Sie nahm Elisabeth mit. Die Prinzessin durfte jedoch nicht mit im königlichen Zug reisen. Sie nahm ihren Weg über die Themse in einer Barke. Zwar war sie jetzt nicht mehr von bewaffneten Wächtern und Garden umgeben, kein Tor verschloß sich mehr, kein Riegel wurde mehr hinter ihr vorgeschoben, doch ganz frei war sie nicht. Sie konnte ihren Aufenthalt nicht wählen, wo und wie sie wollte. Das bestimmte die Königin. Sie wurde zu allen religiösen Feiern und zum Anschauen der vielen Prozessionen befohlen, die Maria bei jeder Gelegenheit ihrer Geistlichkeit vorschrieb. Langsam nahm Elisabeth wieder an einem oder dem anderen Fest bei Hofe teil. Immer aber muß sie sich den Wünschen der Königin fügen. Sie fügt sich. Sie vermeidet jetzt alles, sich neue Feinde zu schaffen. Im Gegenteil, sie sucht ihren Anhängerkreis zu vergrößern. Täglich begleitet sie Maria zur Messe. Wenn sie einen neuen Höfling bei sich empfangen will, läßt sie erst die Königin um Erlaubnis fragen, ob es ihr auch angenehm sei. Ihre Freunde sind auf ihren Rat hin stets bemüht, nur nach den Wünschen Marias zu handeln. Sie wagen nicht, eine Einladung Elisabeths anzunehmen, ohne die königliche Zustimmung erhalten zu haben. Philipp kommt aufs neue auf ihre Verheiratung mit dem Herzog von Savoyen zurück. Elisabeth lehnt diesen Antrag glatt ab. Ihre Gründe dafür kennen wir. Sie läßt die Königin jedoch in dem Glauben, ihr damit einen besonderen Gefallen zu tun. Sie weiß, daß Maria diese Heirat unerwünscht ist. So versucht Elisabeth in jeder Weise, ihre Stellung bei Hofe wieder zu befestigen. Eine starke Stütze hat sie in der Freundschaft Philipps und einen guten Freund auch in Thomas Pope gefunden. Er ist ihr von Maria ihrem Hofstaat als Oberintendant zugeteilt worden. Seine Güte und sein Entgegenkommen weiß Elisabeth sich zu nützen. Vorsichtig tastet sie sich weiter in dem Anschein völliger Unterwürfigkeit. Es ist für sie weniger von Wert, ob die Versöhnung mit Maria wirklich oder nur gemacht ist. Die Hauptsache ist, daß sie dem äußeren Schein nach besteht. Beide Frauen brauchen einander zur Verfolgung ihrer verschiedenen Ziele.

Da tritt ein Ereignis ein, das Maria in tiefste Melancholie versetzt. Philipp hat sich entschlossen, England zu verlassen, sich nach Flandern zu begeben, um die Krone von Spanien und der Niederlande aus den Händen seines Vaters zu empfangen. Karl V. dankte mit 55 Jahren ab und zog sich ins Kloster San Yuste zurück. Allzulange schon wartete er auf den Sohn, dem er sein Reich vererbte. Philipp haßte England ebenso sehr wie die Engländer ihn haßten. Da er sah, daß es ihm durch nichts gelang, ihre Sympathie zu erwerben – mit konstanter Hartnäckigkeit bestand das Parlament auf der Weigerung seiner Krönung zum König von England –, hielt ihn nichts mehr an ein Land gebunden, für das er Zeit seines Lebens der fremde Eindringling blieb. Die Liebe einer verblühten reizlosen Frau, die er selbst nicht liebte, trieb ihn eher fort von ihr, als daß sie ihn hielt. Er hatte nur noch auf die Geburt des Thronerben gewartet. Als diese Hoffnung sich auch als falsch erwies, segelte er über den Kanal von Dover aus nach dem Kontinent. In Greenwich nahm Maria Ende August 1555

Abschied von ihm, in der Hoffnung, ihn bald, bald wiederzusehen. Darauf lebte sie eine Zeitlang in Greenwich in beinahe klösterlicher Kasteiung in ihrem Trennungsschmerz, umgeben von den Franziskanern, die sie wieder eingesetzt hatte. Die Feier des Ablaß- und Jubeljahres des Papstes wurde von ihr in größter Demut begangen. Wochenlang vorher aß sie kein Fleisch und enthielt sich aller weltlichen Genüsse. Ihr Gebetbuch – das noch heute aufbewahrt und gezeigt wird – weist eine besonders starke Benützung an den Stellen auf, die die Gebete für die glückliche Niederkunft schwangerer Frauen und die Einigkeit der Kirche enthalten. Doch Maria muß allmählich zu der bitteren Erkenntnis kommen, daß ihr Schoß für immer unfruchtbar bleiben wird. Als Herrscherin, von der man vor allem verlangt, für die Thronfolge zu sorgen, erlebt sie die große Tragik des Alterns früher als andere Frauen. Sie ist noch nicht 40 Jahre alt. Die Entfremdung des einzigen Mannes und Menschen, den sie liebt, der in ihr spätes Weibtum eingetreten ist, erhöht ihre krankhafte Veranlagung zu heftigen Weinkrämpfen und seelischer Verstimmung. Anfangs trösten sie Philipps Briefe. Es sind zwar keine Liebesbriefe, aber immerhin Nachrichten von ihm. Er wird von Maria täglich von allen Regierungsangelegenheiten, von allen Ereignissen in England unterrichtet. Nächtelang sitzt sie und schreibt an ihn. Auch von Elisabeth ist in diesen Briefen die Rede. Nie verfehlt Philipp, die junge Prinzessin dem Wohlwollen Marias zu empfehlen. Bald erregen diese oft wiederkehrenden Bemerkungen Marias Eifersucht. Es erwacht von neuem ihr Mißtrauen gegen die „scheinheilige" Schwester, der es nun auch noch gelungen ist, den Gatten für sich zu gewinnen. Nein, sie darf die Thronfolge nicht dieser Frau, der Tochter einer „Dirne", überlassen! Vielleicht ist Elisabeth nicht einmal Heinrichs Tochter! Maria scheut sich nicht, diese Ansicht offen auszusprechen. Und so etwas soll einst auf dem englischen Thron sitzen! Sie kann ihn nicht Elisabeth, nicht den Protestanten überlassen! Maria will, sie *muß* ein Kind bekommen. Sie fleht Philipp an, zurückzukehren. Er kommt nicht. Die Thronfolge von England hofft er vielleicht später in anderer Weise regeln zu können.

Dreizehntes Kapitel. Neue Gefahren in Hatfield

Die Enttäuschung der Engländer über Marias Heirat, ihre Unfruchtbarkeit, ihre erbarmungslose Härte, ihre ganz auf Spanien und die Kirche Roms eingestellte Politik, stärken die Partei Elisabeths. Ihre Popularität wächst von Tag zu Tag. Zumal Maria in Mißtrauen und Furcht wieder zu Gewaltmaßregeln greift und keinen Tag hingehen läßt, ihr grausames Urteil über Vergehen zu fällen, die oft nicht einmal genau festgestellt werden können. Entweder sind es aufsässige Reden oder Flugschriften, die ihren Zorn erregen. Zum Unglück gehen solche Dinge meist von Personen aus, die Elisabeths Umgebung angehören, oder ihr in irgendeiner Weise nahe stehen. Denn wenn sie sich auch selbst sehr klug und vorsichtig benimmt, ihre Diener und Vertrauten tun es nicht immer. So wandert heute der, morgen der in den Tower, ohne daß Elisabeth etwas daran ändern kann. Sie waren eben nicht klug und vorsichtig gewesen. Sie hatten ihren Mund nicht halten können. Es war ihre Schuld, wenn sie dafür büßen mußten. Sie selbst läßt sich durch nichts beirren, durch nichts von der eingeschlagenen Taktik in der Verfolgung ihres Ziels abbringen. Doch es ist für Elisabeth eine schwere Zeit. Ein gefährliches Hin- und Hertasten auf schlüpfriger Bahn. Je mehr Maria darüber nachdenkt, kinderlos zu bleiben und ihr Land einer Jüngeren überlassen zu müssen, die es sofort wieder dem Katholizismus entreißen wird, desto größer ist ihre Gereiztheit und ihr Mißtrauen.

Im November 1555 eröffnete die Königin das Parlament und bezog wieder St.-James-Palace. Es störte sie, Elisabeth inmitten der mit der Parlamentseröffnung verbundenen Feierlichkeiten in London zu wissen. Sie hätte sie daran teilnehmen lassen müssen. Das wollte sie nicht. Sie fürchtete dabei Ausschreitungen der Bevölkerung zu Elisabeths Gunsten. So gestattete sie ihrer Schwester, sich nach Hatfield zurückzuziehen. Es war ein lange gehegter Wunsch Elisabeths. Sie liebte dieses Schloß, den Schauplatz ihrer Kindheit mit dem Bruder Eduard. Hier war sie zum erstenmal nach ihrer Freilassung aus Woodstock, wenn auch nicht ganz ihr eigener Herr, so doch wenigstens nicht unter unmittelbarer Kontrolle der Königin. Sie hatte Kate Ashley, Thomas Parry, ihren Lehrer Roger

Ascham, den italienischen Sprachlehrer Battista Castiglione und andere bei sich. Sie konnte sich wieder ungestört ihren Büchern, ihren Studien widmen. Wenn sie auch den katholischen Gottesdienst beibehalten mußte, so war sie doch nicht fortwährend gezwungen, an prunkvollen Kirchenfesten, Prozessionen und Te Deums teilzunehmen. Dennoch vermeidet sie auch jetzt alles aufreizende, um der Königin nicht Gelegenheit zu geben, den Verdacht bestätigt zu finden, daß sie eine „Ketzerin" geblieben ist und nur eins im Auge hat: den englischen Thron.

Mit ihren jungen hellen Augen beobachtet Elisabeth freudig die immer mehr zunehmende Macht ihrer Popularität. Doch sie entzieht sich absichtlich dem öffentlichen Interesse. Man soll sie nicht noch einmal verdächtigen, mit der Zuneigung der Engländer zu liebäugeln. Als sie am 18. Oktober 1555 von Maria die Erlaubnis erhält, mit ihrem Reisegefolge durch London nach Hatfield zu ziehen, ist die Begeisterung und der Jubel der Bevölkerung so stürmisch, daß Elisabeth es für diplomatisch hält, ein paar Herren ihrer Suite abzusenden, um die Menge zurückzuhalten und ihr etwas mehr Ruhe anzuempfehlen. Sie erreicht das zwar nicht. Das Volk wird in seiner Begeisterung für Mylady Elisabeth nur noch stürmischer, noch aufgeregter. Doch Elisabeth hat getan, was sie konnte. Maria kann ihr nicht vorwerfen, zu diesem Jubel absichtlich beigetragen zu haben. Die Königin erfährt natürlich von dieser abwehrenden Geste ihrer Schwester, ist aber dennoch nicht beruhigt.

Elisabeth in Hatfield wartet ab. Sie weicht aus, wo sie kann. Es gelingt ihr, allen Stolz, alles Aufbäumen gegen die Gewalt der verhaßten Schwester, gegen deren Launen und Schliche niederzudrücken, sich zu beherrschen, zu lügen und zu heucheln, wenn es nottut. Sie ist in dieser Beziehung in eine gute Schule gegangen und lernt immer noch dazu. Und trotz allem Schein von Unterwürfigkeit geht sie ihren eigenen Weg. Wenn sie sich beugt, wenn sie der momentanen Macht gehorcht, so geschieht es nur aus der genauesten Berechnung ihrer Situation. Niemals ist sie am Hofe ihrer Schwester das gewesen, wofür man sie halten konnte und wofür sie gehalten werden wollte: ein sanftes ergebenes junges Mädchen, das sich allem fügt. Alles, was sie tut, geschieht in wohlüberlegter Klugheit. Mancher Staatsmann könnte von ihr lernen.

Ab und zu wird sie von Maria an den Hof nach London befohlen, um an Kirchenfesten teilzunehmen. Die Königin hatte eine neue Enttäuschung im Parlament erlitten. Es hatte stürmische Szenen wegen des von ihr befürworteten Antrags über die Verfolgung der protestantischen Flüchtlinge auf dem Kontinent gegeben. Das Gesetz war nicht durchgegangen. Auch andere wichtige Vorlagen Marias wären beinahe gescheitert. Im November 1555, wenige Wochen nach der Eröffnung des Parlaments, verlor die Königin ihre beste Stütze, den Kanzler Gardiner, Bischof von Winchester. Elisabeth hatte einen Feind weniger in der Nähe ihrer Schwester. Die Protestanten atmeten auf, als er tot war. Ihm hatten sie am meisten die blutigen Verfolgungen ihrer Glaubensgenossen zu verdanken. Nur Maria beklagte den Verlust ihres tatkräftigsten Staatsmannes. Wenn nur Philipp wenigstens bei ihr gewesen wäre. Sie sehnte sich halbtot nach ihm. Ihn halten indes die Ereignisse auf dem Kontinent fest. Und, wie sie erfährt, auch manche junge und schöne Flamländerin. Ihre Eifersucht zerfrißt und zermürbt sie. Sie ist empört, daß Philipp und seine Ratgeber sie so wenig an ihren politischen Handlungen teilnehmen lassen und sie nicht bei allem um Rat fragen, während sie Philipp unumschränkte Einmischung in ihre Regierungsgeschäfte gewährt. Im Dezember ist sie wieder zur Auflösung des Parlaments gezwungen. Das Unterhaus hat sich zu widerspruchsvoll benommen. Einige der wildesten Abgeordneten wanderten in den Tower. Alle diese Dinge gaben Maria immer mehr zu denken. Sie fühlte, wie sich ihre Feinde wieder erhoben. Es wurde tatsächlich von neuem konspiriert.

Elisabeth in Hatfield ist der Gefahrenzone noch nicht entronnen. Sie ist wieder einmal der Pol, um den sich alles dreht. Vielleicht sogar die von manchem Unterrichtete. Die geplante Verschwörung geht wieder vom französischen Gesandten Noailles aus. Er bringt Marias Feinde, darunter auch einige Mitglieder des Unterhauses dazu, gegen sie einen Putsch anzuzetteln. Man beabsichtigt, die verliebte Königin zu ihrem Gemahl nach Flandern auf Reisen zu schicken. Während ihrer Abwesenheit soll

Elisabeth auf den Thron gesetzt werden und Eduard Courtenay mit ihr. Die Verschwörer sind hauptsächlich: ein Vetter des Herzogs von Northumberland, Henry Dudley; Vizeadmiral Sir Anthony Kingston; ein Vetter Eduard Courtenays, Sir William Courtenay; Sir Henry Peckham, Francis Werne und einige aus der Revolte Wyatts. Es war alles zum Aufmarsch bereit. Da wurden sie dem mächtigen Freund Marias, dem Kardinal Pole, verraten. Im März 1556 fand also wieder ein Blutgericht statt. Unter den zum Tode Verurteilten befand sich der Hofbeamte Elisabeths, Francis Werne (oder Verney) und einer ihrer Offiziere, Henry Peckham. Es war merkwürdig, daß immer gerade Elisabeths Leute ihre Hand im Spiele gegen Maria hatten. Werne wurde später begnadigt.

Man macht Hausdurchsuchungen in ihren Schlössern. In Somerset-House, ihrer Winterresidenz, entdeckt man einen ganzen Koffer voll Flugblätter und Karikaturen gegen den König und die Königin, eine Menge antikatholischer Bücher. Der Koffer gehört Kate Ashley, Elisabeths langjähriger Ehrendame. Sein Inhalt aber ist gewiß nicht allein Kates Eigentum. Sie wandert ein zweites Mal für ihre Herrin ins Gefängnis. Diesmal ins Fleetgefängnis. Ein anderes Mitglied der Hofhaltung Elisabeths, ihr italienischer Lehrer Castiglione, sieht den Kerker des Tower zum dritten Mal. Elisabeth selbst behelligt man diesmal nicht persönlich. Maria muß sehr vorsichtig sein, denn die Volksmeinung wendet sich immer drohender gegen sie. Die Königin beschränkt sich darauf, das Londoner Palais ihrer Schwester militärisch bewachen zu lassen und ihr Thomas Pope, einen sehr gütigen, ehrenhaften Mann als Majordomus nach Hatfield zu senden. Er hatte ihr bereits während ihrer Haft in Whitehall und Woodstock zur Seite gestanden. Kate Ashley darf indes nicht mehr zu Elisabeth. Maria hat genug von dieser Dame, die äußerlich einen so harmlosen und wohlwollenden Eindruck machte und doch immer in alle Intrigen verwickelt zu sein schien. Kate bleibt drei Monate eingesperrt. Man vermag ihr jedoch wiederum nichts nachzuweisen. Auch mit den anderen Verschworenen kann nicht so ohne weiteres verfahren werden wie einst mit den Genossen Wyatts. Einige gehören den ersten Familien Englands an. Maria will und darf sie sich nicht zu Feinden machen. Andere entkamen noch glücklich nach Frankreich, ehe Justizia ihre Hand auf sie legen konnte. Nur die Verschwörer zweiten Ranges, deren man habhaft wird, besteigen das Blutgerüst.

Immer wieder geistert der Herzog von Devonshire, Eduard Courtenay, durch Elisabeths unruhige Jugend. Die nach Frankreich entflohenen Teilnehmer an der unterdrückten Verschwörung Anthony Kingstons, unter anderen Henry Dudley und seine Freunde, sind weiterhin, wahrscheinlich mit finanzieller Unterstützung des französischen Königs Heinrich II., tätig, Maria zu stürzen. Der Krieg Englands mit Frankreich ist nicht mehr fern. Die Mittel, deren sie sich bedienen, um in England Stimmung gegen die Regierung zugunsten Elisabeths zu machen, sind oft recht unzulänglich. Sie dienen nur dazu, Elisabeth zu kompromittieren. So schickt man einen jungen Mann nach Ipswich in der Grafschaft Suffolk, einem stark protestantisch gesinnten Mittelpunkt. Er soll dort als falscher Courtenay auftreten. Er sah tatsächlich dem Herzog von Devenshire sehr ähnlich. Es werden Briefe und Proklamationen unter die Bevölkerung verteilt, in denen wieder Elisabeths Name und der des Herzogs ganz unverfroren genannt werden. Und schließlich läßt sich der falsche Courtenay, ein gewisser Clebury oder Cleabury, öffentlich mit ihr „als ihren geliebten Gemahl zum König und zur Königin“ ausrufen. Dies geschieht im Sommer 1556. Im September ist der falsche Herzog von Devonshire, der „Mystifikateur“, den Weg so vieler gegangen, die für Elisabeth Propaganda machten. Er wurde gefoltert und hingerichtet.

Die Königin Maria ist über die Frechheit und den Mut, mit welchem die protestantische Partei arbeitete, maßlos wütend. Doch sie muß ihren Zorn mäßigen. Philipp und alle raten ihr dazu, die Zeiten nicht wieder heraufzubeschwören, in denen sie ihre Schwester einfach verhaften und einsperren ließ. Wenn es nach ihr gegangen wäre – dann freilich hätte für Elisabeth vielleicht die letzte Stunde geschlagen. Maria denkt indes aufs neue daran, sie ins Ausland abzuschieben. Philipp soll sogar mit der Absicht umgegangen sein, seine 22 jährige Schwägerin mit seinem 10 jährigen Sohn Don Carlos zu verheiraten. So absurd diese Idee scheint, zu jener Zeit fragte man bei politischen Familienalliancen nicht nach so krassen Unterschieden. Es wäre jedenfalls ein Mittel gewesen, Elisabeth auf gute Art nach Spanien zu bringen. Diesem Plan, der bereits ein Jahr zuvor auftaucht, steht Elisabeth mit ihrer klugen undurchdringlichen Haltung gegenüber. Sie spricht sich weder dafür noch dagegen aus. Einer der vornehmsten Granden Philipps, Don Diego Dagende, gibt sich die größte Mühe in fast täglichen Besuchen von der Prinzessin eine Entscheidung zu erhalten. Sie versteht es, auszuweichen. Sie will sich die mächtige spanische Partei nicht verscherzen. Und man sucht nach neuen Plänen, sie loszuwerden.

Inzwischen muß aber die Königin in der Verschwörung Kingsdon und der Intrige Clebury in irgend einer Weise zu ihrer Schwester Stellung nehmen. Der Staatsrat übernimmt es, zuerst an Thomas Pope in höchst rücksichtsvoller Weise zu schreiben, er möchte, wie er es für gut halte, Mylady Elisabeth von den schändlichen Dingen in Kenntnis setzen, die man sich mit ihrem Namen erlaubt habe. Wenige Tage später schreibt ihr auch Maria. Der Brief klingt fast wie eine Entschuldigung. Es liegt ein kostbarer Ring bei und die Einladung der Königin an Elisabeth, doch bald an den Hof nach London zu kommen.

Elisabeth traut dem Frieden noch nicht. Sie entschuldigt sich und verspricht ihren Besuch für später. Geschickt geht sie auf alles ein – ohne sich zu binden. Voll Abscheu spricht sie in ihrer Antwort an die Königin von den Teilnehmern des letzten Komplotts, von den Machenschaften und Intrigen um Maria. Sie bedauert, daß es keine Wundärzte gäbe, die ihr Herz zergliedern könnten, damit Maria ihre Gedanken darin lese. Warum gibt es nur Ärzte, die die inneren Ursachen des kranken Körpers aufzudecken vermögen, und nicht solche, die auch in des Menschen Herz sehen können? Das Herz Elisabeths ist so rein! Es schlägt nur für ihre Königin! Wenn Maria hineinblicken könne, verflögen alle ihre Bedenken, und keine Bosheit der Welt vermöge sie dann von der Überzeugung abzubringen, wie aufrichtig Elisabeth zu ihr stehe. Die Kennerin der antiken Geschichte, die Leserin des Cicero und des Sophokles, vergißt auch nicht das Beispiel der Alten als Vorbild hinzustellen. Sie möchte vor

Scham erröten, wenn sie an die Furcht der Römer vor dem Senat denkt und sie mit der Handlungsweise vergleicht, die sich „teuflisch gesinnte Menschen unter dem Namen von Christen erlauben – in Wahrheit sind es Juden, die sich gegen ihren gesalbten König erheben".

Auf diese, etwas dick aufgetragene schmeichelnde Weise verteidigt sich die gelehrte Prinzessin gegen die mit Recht immer noch mißtrauische Maria. Elisabeth bezeichnet sogar den Teufel als ihren Feind. „Er ist ja der Feind aller guten Christen", meint sie und fügt sarkastisch hinzu: „Ich wollte jedoch, er erfände bald etwas anderes mich zu quälen."

Maria läßt jetzt alles gelten, was Elisabeth zur Verteidigung ihrer Unschuld vorbringt. Für die Königin ist es auch eine gewisse Beruhigung, daß Eduard Courtenay in Italien dem Typhus am 18. September 1556 erlegen ist. So ist wenigstens einer der Volkslieblinge von der Schaubühne verschwunden. Für Elisabeth hingegen könnte der Tod Lord Devonshires neue Gefahr bedeuten. Zum mindesten wird sie sich jetzt vor ausländischen Heiratsanträgen kaum retten können. Und sie will und kann doch nicht einen solchen Plan ins Auge fassen. Sie wird in dieser Beziehung von Sir William Cecils hervorragendem Verstand am besten geleitet, denn schon steht der kluge Freund, ihr späterer erster Minister, als Lord Burleigh berühmt, ihr mit seinem Rat zur Seite.

Vierzehntes Kapitel. Verschwörer und Freier

In Somerset-House, das Elisabeth gegen Ende 1556 bezieht, hofft sie ein wenig Ruhe zu finden vor all den Stürmen, die über sie hinweggezogen sind. Thomas Pope wird für Unterhaltung und Abwechslung sorgen. Er soll Feste und Maskeraden für die junge Prinzessin veranstalten. Schon Elisabeths Zug von Hatfield nach London gestaltet sich wieder fast zu einem Fest. Sie allein ist nicht ganz ohne Furcht, ob die Königin doch nicht etwas gegen sie im Schilde führe. Bei Maria ist man nicht sicher. Diesmal ist Elisabeths Angst unbegründet. Die Königin empfängt sie ein paar Tage darauf höchst huldvoll. Elisabeth wird an den Hof zu ihr befohlen. Es liegt ein erneuter – diesmal sehr feierlicher – Heiratsantrag des Herzogs von Savoyen vor. Philipp II. hat es endlich bei seiner Frau durchgesetzt, daß auch sie seinen Lieblingsplan billigt. Es sind allerdings scharfe Briefe zwischen dem Königspaar darüber gewechselt worden. Maria hat den Rat des Beichtvaters ihres Gatten, den Mönch Alphonso, darüber hören müssen. Aber er überzeugte sie nicht von der Notwendigkeit dieser Verbindung. Sie nannte Elisabeth dem Klosterbruder gegenüber alles andere als eine Königstochter. Sie redet in den beleidigendsten Ausdrücken von ihr und ihrer Mutter. Bis schließlich Philipp ein Machtwort spricht und darauf dringt, seine junge Schwägerin ihrem Range nach zu behandeln und sie nach seinem Wunsche zu verheiraten. Maria gibt nach. Der Staatsrat stimmt mit dem König überein. Die Gesandten Philipps warten auf Antwort in London. Es ist alles vorbereitet, die Prinzessin als Braut des Herzogs von Savoyen nach Flandern zu führen. Sogar die Damen sind bestimmt, die ihr zum Geleite mitgegeben werden sollen. Unter ihnen ist Philipps neueste Geliebte, die junge Herzogin von Lothringen und auch die Herzogin von Parma.

Elisabeth geht also an den Hof. Sie bleibt bei ihrer schon einmal erteilten Antwort. Ihr „Nein“ ist diesmal kategorisch. Sie wird von der Königin ziemlich ungnädig verabschiedet und kann nun in Hatfield Weihnachten feiern, anstatt in London, wie sie gehofft hat.

Maria wartet in dieser Zeit, Ende 1556, bestimmt auf die Rückkehr Philipps. Er hat seine privaten Angelegenheiten in Flandern geregelt. Seit Januar 1556 nennt er sich schon Philipp II., König von Spanien und der Niederlande. Seiner Rückkehr nach England aber steht der Beginn des Kriegs mit Frankreich im Wege. Es zieht ihn auch nichts nach London. Er liebt weder das Land noch seine Frau. Maria wird immer verbitterter, je mehr sie zur Erkenntnis kommt, wie taktlos Philipp sie vor aller Welt vernachlässigt. Die Anwesenheit der Herzogin von Lothringen in London trägt nicht dazu bei, ihrem Herzen Frieden zu schenken. Diese Dame tritt mit außerordentlicher Pracht auf, obwohl sie von Haus aus nicht reich ist. Es ist Maria klar, woher sie die Mittel zu einem so verschwenderischen

Leben erhält. Die Eifersucht der Königin macht der Abgesandten Philipps schließlich die Anwesenheit am Hofe unmöglich. Sie reist Hals über Kopf ab, vielleicht aus Angst von der rachsüchtigen englischen Herrscherin verfolgt und eingesperrt zu werden. Marias Wut über Philipps Vernachlässigung läßt sich indes vorläufig nur an seinem Bild aus. Sie reißt es in einem Anfall von eifersüchtiger Enttäuschung in Stücke.

Gegen Elisabeth aber entfesselt sich von neuem der Sturm. Wieder einmal gedenkt Maria den „Bastard" von der Thronfolge auszuschließen. Sie hält mit Schmähreden gegen die Schwester sogar im Parlament nicht zurück. In ihrer Wut behauptet sie, ihre wirkliche Nachfolgerin sei Maria Stuart, die Königin der Schotten.

Elisabeth macht all dieser Ärger und Verdruß krank. Sie bekommt Gallenbeschwerden und die Gelbsucht. Sie denkt jetzt selbst daran, dieser Hölle von Widerwärtigkeiten zu entfliehen und in Frankreich an dem Hof ihres Freundes Heinrich II. Schutz zu suchen. Auch ihre Umgebung, vor allem die französisch gesinnten Freunde, raten ihr dazu. Sie wendet sich durch die Gräfin von Sussex im geheimen an den Bischof von Dacqus, um zu erfahren, auf welche Weise sie wohl nach Frankreich ungefährdet gelangen könne. Glücklicherweise rät er ihr von diesem unsinnigen Plane ab. Sie soll um Gottes willen in England bleiben und nicht auf die Franzosen hören. Ihrer skrupellosen Politik diene sie ja doch nur als Aushängeschild.

Er hatte recht. Heinrich II. von Frankreich haßte Maria Tudor aus keinem anderen Grunde, als weil sie Philipp von Spanien zum Gemahl genommen hatte. Die englische Königin hatte Frankreich in keiner Weise in Feindschaft herausgefordert. Aber seit ihrer Heirat war es der Herd, von dem alle Intrigen, alle Komplotte gegen sie ausgingen. Man suchte von Paris aus fortwährend Marias Thron zu unterminieren, sie mit inneren und äußeren Aufständen zu beunruhigen. Man paßte jede Gelegenheit ab, sie zu stürzen. Elisabeth diente den Franzosen dabei – ob mit oder ohne ihre Zustimmung, muß dahin gestellt bleiben – stets als willkommenes Kampfinstrument gegen die verhaßte englische Herrscherin. Auf der anderen Seite wollte auch Philipp sie für seine spanische Politik als Waffe gebrauchen. Elisabeth befand sich in keiner beneidenswerten Lage.

Sie bleibt vorläufig bis Februar 1557 in Hatfield. Sie verlebt dort trotz allem auf sehr angenehme Weise den Karneval und hält sich dadurch ein wenig schadlos für die vielen monotonen kirchlichen Feiern, die sie im Vorjahr in Greenwich mit Maria über sich hat ergehen lassen müssen. Pope sorgt reichlich für Amüsement des jungen Hofes der Prinzessin. Sie haben alle das Recht darauf, das Leben zu genießen und die düstere jüngste Vergangenheit etwas zu vergessen. Maria aber passen derartige weltliche Vergnügungen nicht, wenigstens nicht in Hatfield. Sie weiß indes, Elisabeth wird sich ebenso wenig in ihre Privatunterhaltungen wie in ihre Privatgefühle hineinreden lassen. Sie fordert sie daher im Februar 1557 wieder in höflicher Weise auf, nach London zu kommen. Sie kann sie auf diese Weise besser kontrollieren. Elisabeth darf jetzt sogar an Bärenhetzen und Hirschjagden teilnehmen.

Ihr Leben hellt sich mehr und mehr auf. In Somerset-House bildet sich bereits ein gar nicht so kleiner Hof um die Prinzessin. Sie ist jetzt eine große Dame im vollen Sinn des Wortes. Kein unerfahrenes junges Ding mehr. Mit ihren vierundzwanzig Jahren ist sie durch das Leben selbst gereift. Um diese Zeit beschreibt sie der venetianische Gesandte Michieli als „groß und sehr gut gewachsen. Sie besitzt die Eleganz des Geistes und des Körpers. Ihr Gesicht ist nicht schön, eher angenehm. Sie hat eine sehr feine Haut, obwohl ein wenig gelblich. Schöne Augen, besonders schöne Hände. Sie spricht viel besser griechisch und italienisch als die Königin. Ihre Energie und Intelligenz sind bewunderungswürdig. Sie hat das", fährt er fort, „durch ihr Verhalten in allen Gefahren und auch dadurch bewiesen, daß sie ihre religiösen Gefühle verbarg und sich als Katholikin benahm. Sie ist stolz und sehr vornehm in ihrem Auftreten. Denn, obwohl sie genau über ihre Mutter Bescheid weiß, so weiß sie doch auch, daß deren Ehe mit dem König durch die Kirche gesegnet und mit Wissen des Kanzlers der Regierung vollzogen worden ist ... Die Königin verabscheut zwar die Prinzessin aus tiefstem Grunde ihres Herzens, aber sie behandelt sie in der Öffentlichkeit mit allen äußeren Zeichen der Achtung und

Affektion. Wenn Maria mit ihr vor Fremden spricht, geschieht es stets lachend und freundlich scherzend. Die Prinzessin hat es auch verstanden, sich das Wohlwollen des Königs von Spanien zu erringen. Seinem Einfluß ist es zu danken, daß die Königin ihre Schwester nicht der Illegitimität und dadurch der Erblosigkeit auf den Thron zeihen konnte, wie sie das im Parlament bezweckte. Man ist überzeugt, ohne das Dazwischentreten Philipps würde die Königin sie ohne Reue mit den härtesten Maßnahmen bestrafen. Denn jede Verschwörung gegen die Regierung, es mag sein, was es will, immer ist man sicher, entweder Madame Elisabeth oder einige ihrer Leute unter den daran beteiligten Personen zu entdecken." Der Venetianer weiß jedenfalls Bescheid.

Das Auftauchen eines neuen Brautwerbers im Frühjahr desselben Jahres gibt Elisabeth wieder Gelegenheit, ihre gerühmte Klugheit walten zu lassen. Der König von Schweden sucht für seinen Sohn Erich eine passende und einflußreiche Partie. Er glaubt es besonders gescheit anzufangen, wenn er bei der englischen Prinzessin Elisabeth persönlich, vorerst ganz im geheimen, anfragen läßt, wie sie über eine solche Heirat denke. Wahrscheinlich wollte er sich nicht wie die anderen Fürsten bei der ehescheuen Prinzessin der Blöße einer offiziellen Absage aussetzen. Jedenfalls schickte er seinen Gesandten in London zu ihr. Das Parlament und die Königin sollten noch nichts davon wissen.

Das ist für Elisabeth ein herrlicher Grund, den Antrag gleich von vornherein abzulehnen. Gleichzeitig kann sie Maria dadurch wieder einmal beweisen, wie viel ihr daran gelegen ist, nichts gegen die Bestimmungen des Staates zu tun. Sie erklärt also dem schwedischen Gesandten, leider könne sie seiner Eröffnung kein Gehör schenken, solange sie oder er nicht die Zustimmung Ihrer Majestät hätten. Als er einwendet, der König von Schweden werde sofort bei Maria um Elisabeths Hand für seinen Sohn anhalten, sobald sie, Elisabeth, ihr Einverständnis dazu gegeben habe, jetzt käme er nur als Privatmann zu ihr, um sie zuvor als Hauptbeteiligte über ihre Neigung zu befragen. Elisabeth zögert nicht, sie ihn sofort wissen zu lassen.

„Ich“, sagt sie klar und bestimmt, „würde, hinge es nur von mir ab, mein Leben lang lieber unverheiratet bleiben.“

Elisabeth spricht damit eine Ansicht aus, die sie tatsächlich jederzeit mehr als alle Politik davon abgehalten hat, eine Ehe einzugehen. Sie empfand eine große Ehescheu bis ans Ende ihres Lebens und leugnete das auch gar nicht. Sie wollte frei sein, von niemand beherrscht, von niemand beeinflußt. Ihr späteres Leben ist der Beweis dafür. Einen Liebhaber konnte sie verabschieden, wenn sie ihn satt hatte. Bei einem Gatten war das schwierig. Die Bindungen, die sie später einging, währten zwar oft jahrelang. Aber sie war frei, sie zu lösen, wie jedes andere staatliche Verhältnis zu ihren Ministern. Nicht einmal den klügsten und stärksten ihrer Staatsmänner hat sie gestattet, Herr über sie zu werden. Sie hat später manchem Mann ihre Gunst und Liebe geschenkt. Keiner jedoch hatte Gewalt über ihren Verstand und ihr Herz. Weder Robert Dudley, Lord Leicester noch Robert Devereux, Graf Essex, die beiden Männer, die sie wahrscheinlich am leidenschaftlichsten liebte, denen sie den glänzendsten Aufstieg ermöglichte, vermochten ihre Macht so weit auszustrecken, daß sie den Thron mit ihr teilten. Wahrscheinlich hätte sie Leicester geheiratet, wenn sie sich von ihrem Gefühl hätte leiten lassen. Dudley war jedoch beim englischen Volk verhaßt. Er stand im Verdacht, seine Frau ermordet zu haben. Elisabeth hätte durch diese Heirat ihre Popularität eingebüßt. Das wollte sie nicht. Mit 45 Jahren zog sie auch eine Heirat mit François de Valois, Herzog von Alençon ernstlich in Betracht, denn sie war in ihn sinnlich verliebt und wollte absolut für ihren Thron ein Kind, einen Erben, haben. Sie schien, wie einst Maria, vollkommen von ihrer Leidenschaft beherrscht zu sein und ihr Alter gar nicht in Betracht zu ziehen. Als sie jedoch merkte, daß der Franzose ihrem Volk unwillkommen sei, verzichtete sie und opferte ihrer Stellung auch diesen Mann.

Ihren offiziellen Brautwerbern gegenüber verschanzte sie sich meist, sowohl als Prinzessin als auch später als Königin, hinter dem Gerede von ihrer Jungfräulichkeit. Sie ziehe „diesen Zustand“ bei weitem jeder Heirat vor. Maria, die selbst einmal ähnliches von sich behauptet hatte, ehe sie

Philipp im Bilde gesehen, wußte mit Elisabeths Abneigung gegen jeden Heiratsantrag nichts anzufangen. Sie wollte der Sache auf den Grund gehen und ließ Pope ihre Schwester über deren Ansichten von der Ehe im allgemeinen ausfragen. Elisabeth gibt ihm bereitwilligst Auskunft. Sie bittet ihn, die Königin vor allem zu versichern, daß sie sie mit der Ablehnung aller dieser Anträge durchaus nicht kränken wolle. Sie habe es von jeher so gehalten und wolle auch jetzt dabei bleiben. „Während der Regierung meines Bruders schon wurden mir zwei ehrenvolle Verbindungen angetragen. Die Gesandten unterhandelten mit mir. Ich erklärte aber Seiner Hoheit, dem König, was mir sogar noch einige Herren meiner Umgebung bezeugen können, wie es mir scheine, habe er nichts dagegen, daß ich auch fernerhin Jungfrau bliebe. Unter allen Umständen sage mir dieser Zustand am besten zu und ich zöge ihn allen anderen vor. Im Vertrauen bitte ich Sie daher, lieber Pope, Ihrer Majestät zu melden, daß ich auch heute noch die gleiche Ansicht habe und weiter behalten werde, wenn es Ihre Majestät gütigst gestatten wolle. Ich bin überzeugt, es gibt im Leben nichts, was mit ›diesem Zustand‹ zu vergleichen wäre." Als Pope einwendet, vielleicht sei noch nicht der Richtige, der ihrem Herzen nahe stehe, erschienen, erwidert Elisabeth: „Was ich in Zukunft tun werde, weiß ich zwar nicht, aber ich gebe Ihnen die Versicherung auf Ehre und Wahrhaftigkeit, und so wahr mir Gott helfen möge, daß ich jetzt so denke wie ich es eben erklärte. Selbst wenn mir der größte Herrscher Europas angeboten würde, schlüge ich seinen Antrag aus. Sagen Sie das der Königin. Vielleicht hält sie nach dieser Erklärung meine Ablehnungen nicht mehr für eine Äußerung jungfräulicher Schamhaftigkeit oder Schüchternheit. Es ist mehr als das." Als später, nach der Thronbesteigung, ihre eigenen Staatsmänner darauf drangen, sie möchte sich verheiraten, und die Sache im Unterhaus im ersten Jahr ihrer Regierung offiziell zur Sprache kam, antwortete sie fast im gleichen Sinne. Sie sagte: „Sollte es Gott gefallen, mein Herz zur Ehe geneigt zu machen, so werde ich nur einen Gatten wählen, dem das Wohl Englands ebenso am Herzen liegt wie mir selbst. Sollte es aber Gottes Wille sein, mich weiterhin unverheiratet leben zu lassen, wie das mein größter Wunsch ist, so will ich zufrieden sein, wenn auf meinem Leichenstein geschrieben steht: Hier ruht eine Königin. Sie regierte von . . . bis . . . Sie hat als Jungfrau gelebt und ist als Jungfrau gestorben."

Durch derartige Ausflüchte vermochte sie aber weder die zahlreichen Freier noch die unentwegten Staatsmänner zu vertreiben. Immer versuchte man es, Elisabeth zur Ehe zu bewegen. Stets ohne Erfolg.

Fünfzehntes Kapitel. An den Stufen des Thrones

Endlich ist Philipp im März 1557 bereit, nach London zurückzukehren. Maria schwelgt in Wiedersehensfreude. Wie bald aber wird sie wieder enttäuscht! Denn Philipp bleibt kaum drei Monate. In dieser kurzen Zeit ist der Krieg Englands mit Frankreich entschieden. Philipp beschäftigt trotz seiner Kriegsvorbereitungen immer noch lebhaft die Frage der Verheiratung seiner jungen Schwägerin. Aber auch persönlich erreicht er nichts. Und so gibt er den Plan mit dem Herzog von Savoyen langsam auf. Anfangs ist er auch in seinen politischen Plänen auf großen Widerstand bei den englischen Staatsmännern gestoßen. Sie weigern sich, in den Krieg gegen Frankreich einzutreten. Die Königin versucht alles, ihrem Gatten zu helfen. Da entschied oder erforderte ein Ereignis das Eingreifen Englands in die Ereignisse, in die es nur durch die spanische Heirat Marias verwickelt wurde. Im April wurde wieder ein Anschlag auf das Leben Marias versucht. Die Bewegung nahm von Frankreich aus seinen Anfang und wurde mit französischem Geld unterstützt. Der englische Gesandte Wotton in Paris berichtete seinem Hof von einer Expedition gegen England, die sich so offensichtlich vorbereitete, daß man keinen Zweifel mehr hegen konnte, was die Franzosen beabsichtigten. Der Affront war zu augenscheinlich. Maria ließ ihre Truppen für ihren spanischen Gemahl gegen Frankreich marschieren, und England büßte in diesem Kampfe seinen wichtigsten Außenposten, Calais, ein. Durch diese Niederlage wurde der Stolz und der Ehrgeiz der freien Engländer auf eine harte Probe gestellt. Sie sahen jetzt ganz klar: die spanische Verbindung war eine riesige Gefahr für die Freiheit und die Entwicklung des englischen

Reiches. Es stand ohne Frage bereits in dem Dienst der Weltpolitik der Spanier. Seine Stellung in der Welt war abhängig und unklar geworden. Bittere Feindseligkeit aus allen Teilen der Bevölkerung begleitete Marias Regierung. Um ihr Leben zu schützen, hatte sie auf Anraten Philipps und seiner Räte spanische Truppen ins Land gezogen. Der Staatsschatz wurde erschöpft. Ihre tyrannischen und grausamen Maßnahmen gegen religiös Andersdenkende trieben viele Protestanten außer Landes und beraubten England Tausender von fleißigen Händen. Abgründe auf allen Seiten taten sich auf durch die soziale Erregung und die kirchlich-religiösen Spaltungen, der größten Sorge Englands in damaliger Zeit. Philipp hatte zwar den Engländern angeboten, Calais mit vereinten Kräften wiederzuerobern. Doch man traute dem Spanier nicht und ging auf seinen Vorschlag nicht ein. Man wollte nicht noch mehr Truppen und Geld für diesen verhängnisvollen Krieg opfern. So bleibt Calais französisch – und wird auch später nicht zurückerobert.

Maria blieb keineswegs unempfindlich gegen den Verlust nationalen Ansehens in der Welt. Auch sie war eine Tudor, und trotz aller Liebe zu dem Spanier Philipp fühlte sie als Engländerin tief jede Kränkung, die der Krone widerfuhr. Als sie am 8. Februar 1558 von dem Verlust Calais erfuhr, rief sie in wirklichem Schmerz und in aufrichtiger Verzweiflung aus: „Nach meinem Tode öffne man mein Herz. Man wird den Namen Calais darin eingegraben finden!“ Gerade in dieser Zeit aber glaubte sie sich noch einmal an die Hoffnung klammern zu können, Mutter zu werden. Philipp hatte sie im Juni des Vorjahres verlassen. Die wassersüchtigen Schwellungen ihres kranken Körpers täuschten sie auch diesmal. Diese dauernde Enttäuschung der zur Kinderlosigkeit Verurteilten, der Kummer über Philipps Entfernung und seine Kälte, das Gefühl ihrer Unpopularität und die Sorge um ihren Thron, der einer „Ketzerin“ anheimfiel, wenn sie starb, versetzte Maria in tiefe Melancholie. Sie hatte nicht erreicht, was sie erhoffte, wenigstens nicht in dem Maße, wie sie es gewünscht hätte. Sie weinte Tage und Nächte hindurch. Sie lag stundenlang auf den Knien und betete, Gott möge ihr Philipp bald wieder schicken. Er kam nicht. Sie sah ihn, den sie so sehr liebte, nie wieder. Im

August 1558 fühlte sie sich so krank, daß sie sich von Hampton Court eiligst nach St. James Palace transportieren ließ. Hier war sie der Regierung näher. Sie zog sich ganz in ihre Gemächer zurück und verließ sie niemals. Sie wußte, daß ihr Ende nicht mehr fern war. Philipp hatte ihr nach dem Siege von Saint-Quentin sein Bild geschickt. Es konnte ihr keine Hoffnung mehr geben. Alles war für sie zu Ende.

Die Nähe des Todes und die Ratschläge Philipps aus der Fremde stimmten sie vielleicht etwas milder gegen ihre Schwester. Elisabeth durfte sie bisweilen besuchen. Maria hatte auch nichts mehr dagegen, daß die Prinzessin in ihren Schlössern sich durch Feste unterhielt, die der frommen Katholikin im Grunde höchst zuwider waren. Elisabeths Hofhaltung wurde nach und nach freier, weniger düster und bedrückt. Jugend und Fröhlichkeit kamen wieder zu ihrem Recht. Schöne Frauen, elegante und einflußreiche Männer scharten sich um die Prinzessin. Sie war der Mittelpunkt einer hohen geistigen Sphäre, getränkt mit Gelehrsamkeit und philosophischer Weltanschauung. Immer war Elisabeth bemüht – in jedem Lebensalter – ihren Geist weiter zu bilden, ihr Wissen zu vermehren. Nachts las sie stundenlang gelehrte Bücher oder förderte ihre Kenntnisse in den alten und neuen Sprachen. Sie verschmähte schon lange nicht mehr die Eleganz der Kleidung. Wenn sie sich dem englischen Volk zeigte, das ihr jeden Tag begeisterter zuströmte, war sie immer aufs herrlichste gekleidet, obwohl es im Lande viel Armut gab. Doch die Londoner wollten ihre zukünftige Königin in Schönheit und Glanz sehen. Es war für sie keine Frage, daß nur Elisabeth und keine andere einmal das Land regieren werde.

Maria hingegen büßte täglich mehr an Interesse ein. Sie siechte kümmerlich dahin. Mit vierzig Jahren war sie eine alte Frau, ohne Hoffnung auf Glück oder Volksgunst. Die Bestimmung ihrer Thronfolgerschaft wurde immer dringender. Schließlich mußte Maria auf Drängen der beiden Häuser formell erklären, daß sie Elisabeth zu ihrer Thronerbin anerkannte und bezeichnete. Es ist ihr gewiß nicht leicht geworden, aber sie tat es am 6. November 1558. Sie stellte nur zwei

Bedingungen: Elisabeth sollte katholisch bleiben und Marias Schulden bezahlen.

Elisabeths Verhalten bei dieser Gelegenheit wird von den Zeitgenossen verschieden geschildert. Die Hofdame der Königin, Jane Dormer, wurde von Maria beauftragt, der Prinzessin ihren Entschluß zu überbringen. Jane Dormer heiratete später den spanischen Grafen, späteren Herzog Feria, Philipps Gesandten und Vertrauten. Sie erzählt in ihren Memoiren, Lady Elisabeth habe fast mit fanatischer Leidenschaft beteuert, daß sie eine gläubige und überzeugte Katholikin sei und es bleiben werde. Der Erdboden solle sich unter ihr auftun und sie verschlingen, habe sie ausgerufen, wenn das nicht die volle Wahrheit sei. Wahrscheinlich kommt diese Schilderung des Benehmens Elisabeths in dieser für sie heiklen und gefährlichen Angelegenheit der Wahrheit näher als eine andere, obgleich die sich besser mit Elisabeths stolzem, hochfahrendem Charakter vereinbart. Vielleicht hat Elisabeth sich Lady Dormer gegenüber wirklich so benommen, wie diese Dame schildert, während sie sich ihren eigenen Leuten gegenüber kein Blatt vor den Mund nahm und sagte, als sie durch die Staatsräte von den Bedingungen der Königin in Kenntnis gesetzt worden war:

„Ich habe keinen Grund, der Königin für die Überlassung der Krone Englands zu danken, denn sie kann sie mir ebenso wenig übergeben als sie sie mir hat nehmen können. Es ist mein persönliches Erbrecht, sie zu erhalten. Hinsichtlich der Religion verspreche ich, nichts zu ändern, vorausgesetzt, man beweist mir, daß sie mit Gottes Wort übereinstimmt. Danach allein werde ich mich richten. Keine Forderung aber ist gerechter, als daß ich die Schulden der Königin bezahle. Ich werde mein möglichstes in dieser Beziehung tun." Da Maria oder ihre Räte nach dieser Version noch eine dritte Bedingung an Elisabeths Thronbesteigung knüpfen, nämlich, den Staatsrat in seiner gegenwärtigen Zusammensetzung bestehen zu lassen, so antwortet sie darauf sehr kühl: „Ich glaube, es steht mir genau so frei wie ihr, meine Räte zu wählen, wie ich es für gut halte."

Diesen Ton wird Elisabeth nicht vor der Dame der sterbenden Königin angeschlagen haben. Aber ihrer Wesensart und ihrem ganzen Denken nach ist er ihr zuzutrauen. Aus Diplomatie allein mußte sie sich zurückhalten, denn noch lebte Maria, und Philipps Wohlwollen mußte Elisabeth sich zu erhalten suchen. Sie braucht Philipp vorläufig noch. Seine Sympathie für sie hat sich nicht vermindert. Elisabeth hat ihm anläßlich des Todes Karls V. im September einen gefühlvollen Brief der Teilnahme geschrieben, und er beschäftigt sich weiter mit ihrer Zukunft. Daß Maria endlich vernünftig geworden ist und ihre Schwester für die Thronfolge anerkannt hat, ist hauptsächlich seiner Fürsprache zu danken. Elisabeth in ihrem Innern aber weiß, das englische Volk würde sie auch ohne Philipps Dazwischentreten und ohne Marias Entschluß auf den Thron erhoben haben.

Philipp braucht in London eine Persönlichkeit, die die Engländer gewinnt, zur Weiterführung der englisch-flandrischen Allianz. Er schickt den oben erwähnten Don Gomez Suarez de Figueroa, Grafen Feria, als außerordentlichen Gesandten zu Maria mit einem persönlichen Brief. Es ist der 9. November. Maria ist glücklich, von Philipp eine Botschaft zu erhalten. Die letzte. Sie vermag sie nicht mehr selbst zu lesen. Am gleichen Tag tritt der Staatsrat zusammen. Feria unterbreitet ihm die im Gange befindlichen Unterhandlungen des Friedens mit Frankreich. Man begegnet den feurigen Auseinandersetzungen des Spaniers mit höchst lauem Interesse. Die Lords scheinen bereits mit ihrem Gedanken bei dem nahe bevorstehenden Regierungswechsel zu sein. Was gehen sie jetzt noch Philipp und seine Forderungen oder Ansprüche, seine Pläne und Politik an? Die Ärzte haben die Königin Maria schon aufgegeben. Sie wird nur noch ein paar Tage leben. Und was geschieht dann mit den Staatsräten? Jeder ist mit sich selbst beschäftigt, mit seiner Zukunft unter der kommenden Regierung. Man munkelt bereits, Elisabeth werde Sir William Cecil zu ihrem Staatssekretär machen.

Feria hat auch für Elisabeth Aufträge von Philipp. Sie hält sich augenblicklich bei Admiral Lord Clinton zu Besuch auf. Der ritterliche Spanier verliert keinen Augenblick Zeit. Er eilt zu ihr und überbringt ihr die Grüße ihres Schwagers. Sie empfängt den Gesandten Philipps mit viel Liebenswürdigkeit, doch bereits mit einer Art kühler Distanz, als hätte sie schon über Gunst und Ungnade zu entscheiden. Feria selbst erzählt diese Zusammenkunft in seinen „Memorias“. Zuerst wird die Unterhaltung in spanischer Sprache geführt. Da aber Lady Clinton im Salon anwesend ist und sie nicht spanisch kann, bittet Elisabeth den Gesandten, sich des Englischen zu bedienen. Feria übermittelt ihr zuerst Philipps Wunsch, ihr jederzeit zu dienen und sie als seine liebe Schwester zu behandeln, sie zu schützen, wenn sie in Gefahr sei usw. Elisabeth dankt liebenswürdig. Auch sie versichert, sie halte große Stücke auf Philipp II. Sie habe nicht vergessen, daß er sie während ihrer Gefangenschaft beschützte. Außerdem sei die Freundschaft zwischen den beiden Häusern Burgund und England eine sehr alte und dann sei sie Philipp schon deshalb Freundschaft schuldig, weil er ihr so und so oft versichert habe, ihr stets ein guter Freund bleiben zu wollen. Feria war sehr zufrieden mit dieser guten Aufnahme. Plötzlich aber verdarb er selbst alles durch die unvorsichtige Bemerkung, Elisabeth verdanke nur Philipp allein ihr Thronrecht. Weder der Staatsrat noch die Königin hätten Anspruch auf dieses Verdienst. Da ist es mit Elisabeths Ruhe und Liebenswürdigkeit zu Ende. Sie platzt los in ihrem Zorn. Sie hält sich nicht mehr zurück. Was, einem fremden Herrscher solle sie ihren Thron verdanken? Nie und nimmer! Das Volk, die Massen hätten sie dahin gebracht, wo sie jetzt sei. Besonders die Londoner seien ihre Stütze. Sie verdanke weder dem König noch dem Adel etwas. Schon als Fünfzehnjährige sei sie sich ihrer Popularität bewußt gewesen, als sie Gefahr lief, in der Affäre Somerset bloßgestellt zu werden.

Sie redete sich jetzt allen Groll von der Leber, Ihre Schwester Maria kam nicht gut dabei weg. Elisabeth ließ sich in bitteren Worten gegen die Behandlung aus, die Maria ihr während der ganzen Zeit zuteil hatte werden lassen. Wie knapp sie an Geld und allem gehalten worden sei. Wie die bescheidenste Bürgerin habe sie leben müssen. Das war nun nicht gerade der Wahrheit entsprechend, denn Elisabeth besaß durch Testamentsbeschluß Heinrichs VIII. 3000 Pfund Sterling jährliche Rente. Aber sie war geizig und redete sich ihre Armut selbst ein, damit sie nicht zu Ausgaben gezwungen war, die man von ihr in ihrer hohen Stellung verlangte.

Über die verschiedenen Heiratsanträge, die man ihr in der letzten Zeit vorgeschlagen hatte, mokierte sie sich Feria gegenüber. Geradezu lächerlich sei es, sie mit einem fremden Prinzen verheiraten zu wollen. Und ohne Rücksicht auf den stolzen Kastilianer zu nehmen, der als Vertreter seines spanischen Herrschers vor ihr stand, sagte sie: „Ich bin gewarnt. Die Königin hat die Zuneigung ihres Volkes eingebüßt, weil sie einen Ausländer heiratete.“ Der Gesandte ging über diese zwar wahre aber ihm gegenüber beleidigende Bemerkung Elisabeths hinweg. Als er sich von ihr verabschiedete, wußte er: die ließ sich von niemandem beherrschen! Auch sein mächtiger Gebieter hat nicht mehr Glück als die anderen Freier. Elisabeth nimmt zwar Philipps Werbung nach dem Tode Marias sehr liebenswürdig auf, verschanzt sich indes, wie immer, hinter der Entscheidung des Parlaments. Und wie die ausfiel, darüber konnte kaum ein Zweifel bestehen. Es wäre ihr außerdem nicht eingefallen, den Mann zu heiraten, durch den ihre Schwester sich die Gunst des englischen Volkes so gründlich verscherzt hatte. In ihrer spöttischen Weise gab sie Feria in einer ihrer Unterredungen zu verstehen, daß sie ja Philipp, weil er der Witwer ihrer Schwester sei, gar nicht heiraten könne. „Denn“, sagte sie, „ich würde dadurch das Andenken meines Vaters entehren, der seine erste Frau verstieß, weil sie die Witwe seines Bruders war.“ Philipp tröstete sich übrigens sehr bald mit der 14jährigen Tochter Heinrichs II. und der Katharina von Medici. Er heiratete die Prinzessin von Valois, um das Bündnis mit Frankreich zu befestigen. Die englische Königin hatte sich für stark genug gehalten, die Hand des spanischen Herrschers auszuschlagen. Gleich im ersten Jahr ihrer Regierung verlangte und erhielt auch Feria seine Zurückberufung als spanischer Gesandter aus London.

Elisabeth kam die Schule des Lebens sowohl als auch die Zeit, in der sie das englische Volk unter dem Wechsel der verschiedenen Regierungen und Religionen kennen lernte, zustatten. Sie wußte, welcher Opfer es fähig war, welcher nicht, was für Ansprüche es stellte und was es ertragen konnte von seinem Herrscher, was nicht. Sie wußte, es gab wenige, selbst unter den Großen des Reichs, wenn sie sich auch in den Glaubenswechsel und die kirchlichen Veränderungen der letzten Herrscher gefügt hatten, die sich nicht danach sehnten, endlich vom spanischen Joche loszukommen. Die mittlere und untere Volksklasse aber lebte in dem größten Teile Englands völlig in ihren religiösen Empfindungen für die neue Lehre. Sie hatten um ihren Glauben die größten Leiden erduldet. Mit frommer Freude sahen sie daher dem Ende der blutigen Tyrannei Marias einer besseren Zeit mit Elisabeth, einer der Ihrigen, entgegen.

Marias Tage waren gezählt. Am 17. November 1558 starb sie. Niemand beklagte ihren Tod. Es war, als sei ein schwerer Alp von allen genommen. Und als wenige Tage darnach auch der mächtige Kardinal Pole durch den Tod abberufen wurde, stärkte das die Hoffnung der Protestanten um so mehr. Elisabeths Jugend, ihre Talente, ihre vielen menschlichen Eigenschaften, das erduldete Unglück, alles trug dazu bei, das Interesse und die Liebe zu erhöhen, mit der man die jungfräuliche Königin auf Englands Thron erhob. Das ganze Reich, das Maria mit unermüdlicher Zähigkeit der päpstlichen Macht wieder gegeben hatte, lag jetzt auf den Knien vor einer jungen Herrscherin, von der es überzeugt war, sie werde es zu Ruhm und Größe, zu Freiheit und Unabhängigkeit und in die neue Glaubenswelt führen, um die es fünfundzwanzig Jahre lang gekämpft hatte.

Niemals wurde eine Thronbesteigung in England ergreifender gefeiert. Die Londoner Bevölkerung wußte sich in ihrer Freude kaum zu mäßigen. Die Glocken aller Kirchen läuteten, Freudenfeuer brannten auf allen Plätzen, in den Straßen jubelten die Menschen. Protestanten und Katholiken schienen ein Volk.

Als Elisabeth in Hatfield die Nachricht von ihrer Erhebung erhielt, war sie weder davon noch vom Tode ihrer Schwester sichtlich berührt. In ihrem Innern war sie schon seit Monaten auf dieses Ereignis vorbereitet. Es entschlüpfte ihr weder ein Ausdruck der Freude über ihren Triumph, noch ein Wort des Schmerzes über das Ableben Marias. Sie fiel auf ihre Knie und betete aus dem Psalm: „A Domino factum est istud et est mirabile oculis nostris.“ Diesen Spruch ließ die Königin später in ihr Petschaft gravieren.

Am 23. November reiste sie von Hatfield mit einem Gefolge von über tausend Rittern und Frauen ab. Sie übernachtete im Charterhouse, einem ehemaligen Karthäuserkloster. Am nächsten Tag zog sie in den Tower. Sie saß auf einem herrlich geschmückten Zelter in einem purpurfarbenen Samtmantel, der ihre schlanke Gestalt ganz umhüllte. Es war November und kalt. Der Weg von Charterhouse bis zum Tower war ganz mit feinem weißem Sand bestreut. Sänger und Musiker begleiteten den Zug der jungen Königin. Herolde und die hohen Staatsbeamten ritten voraus. Jauchzend und jubelnd strömte ihr das Volk zu, dessen Gunst sie immer mehr gewann. Es wurden so viele Freudenschüsse abgegeben, wie es London noch nicht erlebt hatte. Jeden Gruß, selbst den des geringsten Mannes, erwiderte Elisabeth mit freundlichem Lächeln. Kinder sagten Gedichte auf. Sie ließ ihr Maultier halten und reichte den Kleinen die Hand. So handelte sie nach dem von ihr seit ihrer Jugend gefaßten Grundsatz, das Volk durch Liebenswürdigkeit zu gewinnen, denn „keine Musik ist ihm so angenehm, wie die Leutseligkeit seines Fürsten“.

Als Elisabeth den Tower betrat, den sie vor noch nicht allzu langer Zeit als Gefangene verlassen hatte, war sie so ergriffen, daß sie auf die Knie niederfiel und Gott dankte, der sie aus allen Gefahren gerettet und sicher bis zum Throne geleitet hatte. Nur ihm und dem englischen Volk dankte sie für ihre Befreiung und ihre Erhebung.

Acht Tage blieb die junge Königin im Tower. Dann begab sie sich auf der Themse nach ihrer Residenz Somerset, um hier die Hoftrauer um Maria abzuwarten. Erst zum Weihnachtsfest bezog sie Whitehall. In den wenigen Tagen hatte sie es verstanden, ihre Beliebtheit beim englischen Volke noch zu verstärken. Das wunderbar ungezwungene Wesen dieser jungen Herrscherin stand in so großem und vorteilhaftem Kontrast zu der steifen herrischen Haltung ihrer Vorgängerin Maria, daß es plötzlich schien, als ströme ein warmer Hauch von Menschlichkeit und mitfühlendem Verständnis über das große Volk der Engländer hin. Es äußerte seine Freude immer stürmischer und sang das Lob seiner neuen

Königin in höchster Begeisterung. In der Hauptstadt bereitete man mit fieberhaftem Eifer die große Zeremonie zur Krönung vor. Es sollte ein Fest von seltener Pracht und nie erlebtem Glanz werden. In den Werkstätten der Handwerker und Goldschmiede war Hochbetrieb. Nach der damaligen Mode und Sitte war die Kleidung bei derartigen Gelegenheiten nicht nur des Adels prachtvoll, sondern auch die vornehmen Bürger suchten sich im Prunk zu überbieten. Röcke aus Samt und Atlas, reich mit Gold, Silber und kostbarem Pelz verziert, schwere goldene Ketten, feder- und juwelengeschmückte Hüte der Männer, goldene und silberne Kleider der Frauen mit langen hermelinbesetzten Mänteln waren bei großen Feierlichkeiten zu sehen. Als Elisabeth am 15. Januar 1559 gekrönt wurde und sich der Krönungszug nach Westminster begab, schneite es und die Luft war ein wenig verdunkelt. Doch den Chronisten der Zeit schien es, als wenn all das Gold und Silber und die funkelnden Juwelen, mit denen Damen und Herren geschmückt waren, den Tag erhellten. Elisabeth saß in einem Goldbrokatkleid in einer mit Goldtuch ausgeschlagenen offenen Sänfte. Trompeter und Herolde in ihrer prachtvollen Staatskleidung aus rotem Damast gingen voraus. Die Frauen und Hofdamen der Königin saßen zu Pferd und die Herren waren in rotem Samt gekleidet. Auch später umgab sich Elisabeth stets mit einem Gefolge „schöner junger Ritterinnen“, wenn sie in der Öffentlichkeit erschien. Das erhöhte um vieles den Reiz der „jungfräulichen Königin“ und war von ungemein starker Wirkung. Bei der Krönung selbst und vor allem während des großen Krönungsmahls war die junge Königin sehr fröhlich. Sie gab sich so ungezwungen wie immer bei feierlichen Gelegenheiten, deren strenges Zeremoniell ihr nicht zusagte. Einige ihrer Zeitgenossen, natürlich aus dem katholischen Lager, fanden, daß sie „die Grenzen der Würde und königlichen Haltung“ überschritt. Nichtsdestoweniger empfing die Menge ihre gekrönte Königin mit solcher Begeisterung und so tobendem Beifall, daß man meinte, die Menschen seien rein toll geworden. Elisabeth konnte zufrieden sein. Sie empfing, wie sie es immer erstrebte, ihre Krone buchstäblich aus der Hand des englischen Volkes und durch ihre eigene Klugheit.

Verzeichnis der benutzten Quellen

Aikin, Lucy, Memoirs of the Court of Queen Elizabeth. London, New Ed. 1875.

Ascham, Roger. Works. 3 vols. Edited by Gilles. London 1864–65.

Aylmer, Harbour for faithful Subjects. Strassbourg 1559.

Baumgarten, Geschichte Karls V. 3. vols. 8. Stuttgart 1885–92.

Sir Henry Bedingfield, Papers. 8nbsp;°. London s.d.

Beesly, Queen Elizabeth. 8. London 1892.

Benger, Memoirs of Anne Boleyn. 2 vols. 8. London 1821.

Blaze de Bury, Un divorce royal. Anne Boleyn. Paris 1890.

Burnet, History of the Reformation of the Church of England. London 1715.

Commentaires de Charles-Quint. 8. Bruxelles 1862.

Dixon, History of the Queens: Catherine and Anne Boleyn. 4 vol. London 1874.

Dixon, History of the Church of England. 3 vol. London 1875–80.

Ellis, Original Letters, illustrative of English History.

Forneron, Philipp II. 4 vols. 8. Paris 1887.

Foxe, John, The acts and monuments of ... Edited by George Townsend. New Ed. London 1849.

Froude, History of England. Reign of Elizabeth. 6 vols. London 1881.

Froude, The Divorce of Catherine of Aragon. London 1891. Griffet, Nouveaux éclaircissements sur l'histoire de Marie. Amsterdam et Paris 1766.

Heywood, Thomas, Englands Elizabeth. 12. Cambridge 1632.

Hayness's Papers ... Confession of Catherine Ashley – Confession of Thomas Parry – Deposition of Lady Tyrwitt – Confession of Elizabeth. London.

Hume, David, History of England: The Tudors. 4 vols. London. 1758–65.

Holinshed, Chronicles of England. London 1587.

Lanz, Korrespondenz des Kaisers Karl V. 3 vols. Leipzig 1844–46.

Leti, Gregorio, Historia overa vita di Elisabetta regina d'Inghilterra detta per sopranome la comediante politica. Amsterdam 1693.

Lingard, History of England. 10 vols. New Ed. London 1883.

Mauernbrecher, England im Reformationszeitalter. 8. Düsseldorf 1866.

Marcks, E. Königin Elisabeth und ihre Zeit. 4°. Bielefeld Leipzig 1897. In: Monographien zur Weltgeschichte. T.II.

Neale, J. E., Queen Elizabeth. London 1935.

Nichols, John Gough, Literary remains of King Edward the sixth. Edited by ... 2 vols. London 1857.

Nichols, J. G., The chronicle of Queen Jane and of two years of Queen Mary. Edited by ... London 1850.

Original Letters relative to the English Reformation, chiefly from the archives of Zürich ... Cambridge 1846.

Prescott, Philipp II. In deutscher Uebertragung von Johannes Scherr. 5 vols. Leipzig 1856–59.

Ranke, Englische Geschichte, vornehmlich im 16. und 17. Jahrhundert. 4. Aufl. 9 vols. Leipzig 1877 ff.

Rosso, I succesi d'Inghilterra. Ferrara.

Stow, John, Annals of England. London 1631.

Strickland, Agnes, Lifes of the Queens of England: Maria – Elizabeth – Catherine Parr. London.

Stevenson, Joseph, Calendar foreign. Elizabeth. London 1558–59.

Strype, John, Historical Memorials ... under the reign and influence of King Edward VI. London.

Turner, Sharon, The history of the reign of Edward – the – sixth, Mary and Elizabeth. 2. Auflage. 1854.

Tytler, England under the reign of Edward VI and Mary. London 1839.

Wiesener, Louis, La jeunesse d'Elisabeth d'Angleterre. (1553–58). Paris 1878.

Zimmermann, Maria, die Katholische. Freiburg 1890.